METAPSICOLOGIA DOS LIMITES

Blucher

METAPSICOLOGIA DOS LIMITES

Camila Junqueira

Metapsicologia dos limites
© 2019 Camila Junqueira
Editora Edgard Blücher Ltda.

Imagem da capa: iStockphoto

SÉRIE PSICANÁLISE CONTEMPORÂNEA
Coordenador da série Flávio Ferraz
Publisher Edgard Blücher
Editor Eduardo Blücher
Coordenação editorial Bonie Santos
Produção editorial Isabel Silva, Luana Negraes, Mariana Correia Santos, Marilia Koeppl e Milena Varallo
Preparação de texto Ana Maria Fiorini
Diagramação Negrito Produção Editorial
Revisão de texto Antonio Castro
Capa Leandro Cunha

Blucher

Rua Pedroso Alvarenga, 1245, 4º andar
04531-934 – São Paulo – SP – Brasil
Tel.: 55 11 3078-5366
contato@blucher.com.br
www.blucher.com.br

Segundo o Novo Acordo Ortográfico, conforme 5. ed. do *Vocabulário Ortográfico da Língua Portuguesa*, Academia Brasileira de Letras, março de 2009.

É proibida a reprodução total ou parcial por quaisquer meios sem autorização escrita da editora.

Todos os direitos reservados pela Editora Edgard Blücher Ltda.

Dados Internacionais de Catalogação na Publicação (CIP)
Angélica Ilacqua CRB-8/7057

Junqueira, Camila
  Metapsicologia dos limites / Camila Junqueira. – São Paulo : Blucher, 2019.
  260 p. (Série Psicanálise Contemporânea / coordenada por Flávio Ferraz)

  Bibliografia
  ISBN 978-85-212-1882-1 (impresso)
  ISBN 978-85-212-1883-8 (e-book)

1. Psicanálise 2. Metapsicologia 3. Relações objetais (Psicanálise) I. Título. II. Ferraz, Flávio.

19-2058   CDD 150.195

Índice para catálogo sistemático:
   1. Psicanálise

Muitos anos depois de ter interrompido sua análise, ainda encontro Janaina nas ruas do bairro em que, coincidentemente, moramos. E mais uma vez ela me pergunta: "E os bebês, Camila? Quando vai ter bebês? Você precisa ter bebês!", diz ela. Um, dois... cinco, vários encontros e são sempre essas as suas falas quando me vê, de tempos em tempos. Sinto que Janaina me perguntava, nesses encontros, sobre a minha capacidade de maternagem, que era muito incipiente quando suas angústias e seus conflitos eram interpretados do ponto de vista edípico e o enquadre clássico era imposto com o objetivo de suscitar angústias ligadas à castração, buscando criar uma neurose de transferência, mas, na realidade, encobrindo sua necessidade de Ser. Desorganizada e dividida entre sentimentos, ora de gratidão pela escuta, ora de abandono pela falta de flexibilidade do setting, que resistia a se adaptar às suas necessidades, Janaina foi deixando de vir, deixando, deixando... até que passamos a nos encontrar apenas nas ruas do bairro...

Para Janaina, que me fez mergulhar nesse mar profundo, para Renato, Luiza e Caio, que tornaram a maternagem uma experiência em minha vida, e a todos que de algum modo me instigam a estudar, pensar e escrever.

Tecendo a Manhã

1
Um galo sozinho não tece uma manhã:
ele precisará sempre de outros galos.
De um que apanhe esse grito que ele
e o lance a outro; de um outro galo
que apanhe o grito de um galo antes
e o lance a outro; e de outros galos
que com muitos outros galos se cruzem
os fios de sol de seus gritos de galo,
para que a manhã, desde uma teia tênue,
se vá tecendo, entre todos os galos.

2
E se encorpando em tela, entre todos,
se erguendo tenda, onde entrem todos,
se entretendendo para todos, no toldo
(a manhã) que plana livre de armação.
A manhã, toldo de um tecido tão aéreo
que, tecido, se eleva por si: luz balão.

João Cabral de Melo Neto

Conteúdo

Prefácio: A metapsicologia e a clínica psicanalítica: limites,
impasses e horizontes   11
Patricia Vianna Getlinger
Nelson Ernesto Coelho Junior

Introdução: A emergência de uma "metapsicologia dos
limites"   23

1. A teoria pulsional e a teoria das relações de objeto   35

2. Proposta de reorganização da tópica   105

3. Etiologia e funcionamento das patologias-limite   153

4. Ampliações da clínica   177

Considerações finais: Por uma clínica com incidências
tópicas   225

Referências   235

Prefácio: A metapsicologia e a clínica psicanalítica: limites, impasses e horizontes

Patricia Vianna Getlinger[1]
Nelson Ernesto Coelho Junior[2]

Muitos foram os impasses clínicos e os fracassos da psicanálise dita clássica diante de pacientes difíceis (ou não neuróticos).[3] E muito se avançou desde Freud na compreensão teórica, no desenvolvimento metapsicológico e na ampliação da técnica para o atendimento a esses pacientes. Entre os primeiros psicanalistas, foi seguramente Ferenczi o mais controverso e, talvez, o mais precoce e audaz ao trazer à tona as dificuldades com as quais nos debatemos até hoje, e a propor modificações técnicas que levaram muito tempo para serem assimiladas. Desde então, muitos psicanalistas

---

1 Sociedade Brasileira de Psicanálise de São Paulo (SBPSP).
2 Instituto de Psicologia da Universidade de São Paulo (IP-USP).
3 Seguindo a variação conceitual adotada por Camila Junqueira, optamos por trabalhar simultaneamente com diferentes noções da nosografia psicanalítica, segundo o autor tratado ou o contexto (casos-limite, estados-limite, *borderline*, casos difíceis e casos fronteiriços). Trata-se de um campo conceitual que procura circunscrever modos de adoecimento psíquico que nas classificações clássicas se situam entre as neuroses e as psicoses. Uma alternativa poderia ser acompanhar a sugestão de André Green e privilegiar apenas a distinção entre neuroses e não neuroses. Mas como essa não é a escolha da autora, vamos manter a primeira opção.

trouxeram contribuições importantes tanto para a teoria quanto para a prática clínica com pacientes ditos difíceis. Ao longo das últimas três décadas, especial atenção tem sido dada às patologias narcísicas e aos estados-limite, bem como aos impasses presentes nessa clínica. Temos acompanhado o esforço de muitos autores no sentido de fazer trabalhar a metapsicologia freudiana e fazer dialogar diferentes concepções psicanalíticas para, entre outros aspectos, aumentar o entendimento desses quadros e ampliar os recursos técnicos para seu atendimento.

André Green é um dos principais autores dessa tendência mais recente, com contribuições sólidas para a compreensão e a articulação metapsicológica dos conceitos freudianos em uma era pós-escolas, ou, como ele denomina, em direção a uma *psicanálise contemporânea*. Por meio de noções como as de trabalho do negativo, processos terciários, par pulsão-objeto, duplo limite, estrutura enquadrante, pensamento clínico e funções objetalizantes e desobjetalizantes, Green preparou o terreno para várias mudanças fundamentais em nossa forma atual de conceber a clínica dos casos-limite. Thomas Ogden, com sua excepcional capacidade de narrar e costurar experiências clínicas com construções teóricas, é outro importante expoente deste movimento de atravessamento de teorias e escolas, que um de nós, ao lado de Luis Claudio Figueiredo, passou a denominar de *psicanálise transmatricial* (Figueiredo; Coelho Junior, 2018). Com Ogden, acompanhamos um modo de trabalho clínico-teórico que tem suas origens no atendimento de pacientes esquizofrênicos, em que a noção de *não experiência* revela o peso que o autor dará à dimensão relacional e à sua apropriação pelo sujeito. Daí a condição psíquica mais grave ser remetida a uma forma de adoecimento marcada pela radical não experiência, um modo de ausência de si a si, pleno vazio subjetivo. Um pouco mais à frente em seu percurso, Ogden proporá outras noções centrais para a forma como hoje concebemos a clínica psicanalítica: posição autista contígua (em que avança a compreensão kleiniana das posições, estabelecendo um modo primário sensorial de relação com o objeto) e terceiro sujeito analítico (forma radical de trabalhar com a compreensão da situação clínica, avançando na direção aberta por Winnicott, com o espaço potencial, e pelo casal Baranger e sua noção de campo analítico).

É nessa mesma direção que encontramos autores como Giuseppe Civitarese e Dominique Scarfone, que, de diferentes formas, se debruçam sobre a minúcia do trabalho clínico e exploram os diversos níveis de comunicação em análise, entre eles os verbais e não verbais, os corporais e os sensoriais, para fazer frente às inúmeras exigências colocadas à psicanálise pelos casos não neuróticos.

Ambos os autores sustentam que as fronteiras entre o eu e o outro muitas vezes estão borradas não só no atendimento a pacientes-limite mas, até certo ponto, em todos os pacientes. Isso levando-se em conta a presença dos núcleos psicóticos ou "núcleos viscosos de identidade", que Civitarese (2010) empresta de Bleger, bem como a hipótese de um "patamar sensorial" do ego (*ego's 'sensory floor'*), que ele resgata de Ogden. A importância desses níveis indiscriminados de comunicação relembra-nos do ego corporal de Freud. E, nas leituras pós-freudianas, faz ressoar o funcionamento deste patamar sensorial do ego (*ego corporal*) como uma matriz geradora de proto-sentidos no início da vida mental, caracterizada pela indiferenciação eu-não eu.

O campo analítico em que estão imersos os dois componentes da dupla analítica é também compreendido por Civitarese (2016) como um campo de comunicação inter-corporal. Na situação analítica, seria a partir da indiscriminação entre dois psiquismos e dois corpos, o do analista e o do paciente, que a diferenciação poderia aos poucos se instalar. Indo além, ele afirma que é este "campo simbiótico" que funciona como "a base [*background*] de continuidade que permite a aceitação da diferença" (p. 40), e que "a terapia consiste em um processo gradual de des-simbiotização ou redução dos núcleos aglutinados" (Civitarese, 2010, p. 24-25). Este caminho do proto-simbólico ao simbólico é em si gerador de sentido por estar banhado pela linguagem humana, seja na relação mãe-bebê, seja na relação analítica.

A corporeidade do campo,[4] "ou, mais precisamente, o campo corpóreo, é a área da comunicação intercorpórea que estabelece um corpo pensante de duas pessoas, um corpo único – porque o corpo nunca é apenas material e, na medida em que sempre esteve imerso na sociabilidade humana e sempre foi afetado pela linguagem, é também o local da produção de sentido" (Civitarese, 2016, p. 48). Neste "campo corpóreo" da sessão, as ações (*agieren*) são consideradas portadoras e produtoras de significado, uma vez que estão embebidas no universo semântico. E no contexto analítico elas adquirem, também, um potencial interpretativo.

É em suas vinhetas clínicas (Civitarese, 2016) que o psicanalista italiano melhor apresenta sua compreensão do trabalho da dupla paciente-analista. Em uma delas, ele relata que encerrou a sessão de uma paciente 10 minutos antes do final, preocupado que estava com o horário da seguinte, somente percebendo o seu engano após ela ter saído da sala. Ele pensa que se comportou "mal", justamente quando eles vinham conversando havia certo tempo sobre como a paciente era "boazinha demais". Trata-se, de fato, de um dia na semana em que seus horários são diferentes, mas, para além deste fato, ele se põe a pensar no sentido que seu ato ganha no contexto analítico.

---

4 Em recente conversa com Giuseppe Civitarese, ressaltamos os pontos de contato entre seu desenvolvimento teórico-clínico e o que um de nós vem propondo (cf. Coleho Junior, 2010), como os elementos básicos de uma clínica psicanalítica fundada na experiência de uma cocorporeidade.

O analista repete esse erro duas ou três vezes, sentindo-se muito envergonhado, mas o efeito de seu ato é que a braveza da paciente faz-se ouvir, virando um assunto entre os dois. Ao sobrepor as duas pacientes em um "cruzamento quiasmático" (*chiastic crossing*), ele pode vê-las sob uma nova perspectiva, a segunda tornando-se "um personagem do campo analítico da primeira" (Civitarese, 2016, p. 44). Civitarese considera que, talvez, ao ter atropelado a sessão da primeira paciente em função do horário da segunda, esta sim uma "garota má", ele provocou e pôde ouvir a maldade da primeira. Esse tipo de agressividade por parte da paciente era de algum modo percebido pelo analista, mas nunca chegava à superfície. Com a violação do enquadre (*setting*), o ambiente da análise, antes tedioso e estéril, torna-se engajado e produtivo. O analista entende que o conluio que prendia a dupla no clima dócil foi rompido, dando palavra e representação à raiva inconsciente da paciente; raiva de um objeto interno controlador e intrusivo (ou, alternativamente, ausente e indiferente).

Civitarese (2016) pontua de modo muito interessante como esse tipo de ruptura acidental do enquadre pode ser extremamente útil, partindo do pressuposto de que ele é o lugar em que o vínculo simbiótico se estabelece. Dessa forma, "a quebra do enquadre [...] pode possibilitar a emergência dos aspectos psicóticos/regressivos/primitivos da personalidade depositados no enquadre e em seu ritmo repetitivo" (p. 44). Ele está partindo de Bleger e de sua consideração de que o enquadre recebe a projeção dos aspectos mais primitivos do psiquismo, e acrescenta que, por isso mesmo, ao ser rompido, permitirá que "disritmias psíquicas" ainda mais primitivas possam ganhar representação. Sendo "atuada" (*enacted*), "a 'extrassístole' produzida no ritmo do enquadre pelas sessões encurtadas pode ser entendida como a manifestação sensorial de um evento traumático entranhado no inconsciente inacessível" (p. 44).

Em outro caso apresentado, Civitarese (2016) relata o atendimento de um menino de 11 anos que havia sido adotado quando era bem pequeno. A própria criança pediu para conversar com um médico, pois se arranhava e se cortava, tamanha a angústia que sentia pela ideia obsessiva de "topar" com sua mãe "real" na rua. Ele sabia ser um filho adotivo, e o início da análise lhe conferiu um alívio imediato. Sempre pontual, ao final da sessão ele se levantava junto com seu analista, e juntos iam à janela ver se já havia alguém esperando por ele. Seus pais não tocavam a campainha para não incomodar, de acordo com ele.

O que o analista recorta dessa interação é a sua simplicidade e, ao mesmo tempo, o grau profundo de comunicação e compreensão que ela contém. Ir à janela junto com seu paciente, que em algum nível duvida se alguém virá buscá-lo e se irão se lembrar dele, "é um gesto que se apresenta como um tipo de entendimento *em ação* [*understanding in action*] de um elemento essencial na vida emocional do campo analítico" (p. 46). A ação do analista testemunha e acolhe as angústias do "corte", presentes no momento de deixar e buscar a criança no consultório. E Civitarese afirma que, ao se levantar e olhar para fora com o garoto, era como se seu espírito seguisse acompanhando-o pelas ruas à procura do olhar de sua mãe, no qual eventualmente ele, o menino, pudesse ler a razão de seu sofrimento.

Civitarese propõe o interessante conceito de *rêverie somática* para dar conta de eventos na análise como os descritos nessas vinhetas. Ele pensa as rupturas do enquadre como resultantes de crises do campo intersubjetivo da análise, que, por sua vez, é também um campo corpóreo, semiótico, somático e sensorial. O corpo do analista é um lugar nesse campo, e é ali que se registram/atuam tais perturbações. Partindo de Bion e de suas transformações em alucinose, ele propõe as violações ao enquadre, as "atuações" e os "*enactments*" como equivalentes às transformações em alucinose no corpo, compreendendo-os todos como portadores de sentido, mesmo que implícito. Ele as compreende como "sonhos somáticos" ou "*rêveries* somáticas", que conferem sentido e significado às rupturas do enquadre e dão ao corpo e à presença corporal do analista um *status* diferente. É por esse motivo que ele questiona o conceito de *enactment*, substituindo-o por "*rêverie* somática". A *rêverie* ou o sonhar emanam do inconsciente, que por sua vez busca integrar o psíquico e o somático, visto que são emoções *e* conceitos que dão sentido à nossa existência, e não só conceitos.

Civitarese (2016) avança um pouco mais nessa temática e nos oferece ainda outros contornos: "Mas o que o corpo pensa? Em todo o seu ser e a todo momento pensa ou transforma a emoção primária que nasce da fricção com a realidade. Qual é a razão, portanto, de excluir a ação da análise, relegando-a à categoria de *enactment*? Falando claramente, isso não faria sentido, mas segue o princípio econômico ou a ideia de simplificar a observação e a experiência do campo. As metáforas por meio das quais o corpo conhece a realidade são muito mais opacas do que as metáforas linguísticas, pelo menos semanticamente falando. Elas não são desprovidas de significado, mas são mais complexas" (p. 51-52).

Compartilhamos com Civitarese a ideia de que, nas formas de comunicação mais usuais e primitivas em uma análise, trata-se antes de um campo intercorpóreo, como ele prefere denominar (ou cocorpóreo, como um de nós prefere chamar), do que de duas subjetividades constituídas que se relacionam por meio de ações.

Como se pode notar, estamos aqui diante de questões de manejo clínico e de elaboração teórica que têm exigido reflexões cada vez mais aprofundadas, visando, ao mesmo tempo, ao avanço conceitual e à ampliação de nossos recursos terapêuticos. É neste contexto e neste cenário (dos quais apenas esboçamos algumas poucas referências e figuras) que se insere o novo livro de Camila Junqueira. Publicado treze anos após seu primeiro livro, *Ética e consciência moral na psicanálise*,[5] é resultado dos rigorosos trabalhos de pesquisa de seu doutorado (realizado no Programa de Pós--Graduação em Psicologia Experimental da Universidade de São Paulo e defendido em 2010) e de seu pós-doutorado (realizado no mesmo programa, entre 2012 e 2016). *Metapsicologia dos limites* é o livro de uma autora madura e consistente, que alia o trabalho de pesquisa e escrita às contribuições à clínica psicanalítica (incluindo sua participação no Departamento de Psicanálise do Instituto Sedes Sapientiae e seu trabalho como terapeuta voluntária no Projeto de Intervenção e Investigação de Anorexias e Bulimias).

O percurso traçado por Camila Junqueira neste livro busca a ampliação da metapsicologia, tendo por objetivo dar sustentação ao trabalho clínico com pacientes-limite. Ela considera que esses pacientes precisam que tanto as fronteiras entre eu e não eu quanto seu universo simbólico seja recriado ou mesmo criado pela primeira vez na relação intersubjetiva com o analista. E essa é uma das razões que fazem com que a clínica com patologias-limite difira daquela com pacientes neuróticos. O que a autora nos oferece é a construção de alicerces metapsicológicos sólidos para que essa alteração possa ser operada, sustentando o que ela define como "uma clínica com incidências tópicas".

Em um recorte bastante cuidadoso, Camila apresenta no primeiro capítulo os elementos centrais da história que envolve as convergências e divergências entre a teoria pulsional e a das relações de objeto. André Green lhe oferece um firme fio condutor e é tomado como principal interlocutor, sem que ela desconsidere outras visões, como a de Greenberg e Mitchell, Bercherie e Wallerstein na discussão sobre a anterioridade da pulsão ou do objeto

---

5 *Ética e consciência moral na psicanálise*. São Paulo: Via Lettera/Fapesp, 2006.

em Freud. E Winnicott segue como autor de referência na consideração da importância do ambiente e dos cuidados primários, em alusão ao *holding* e ao manejo na clínica com pacientes *borderline*.

Apesar de recusar a existência de uma teoria unificada do objeto na psicanálise, Camila considera que o objeto está sempre atado à pulsão, bem como estão irremediavelmente conectados os pares interno e externo, intrapsíquico e intersubjetivo. É por meio desse trabalho meticuloso de pesquisa histórica da articulação entre os conceitos que ela liga as falhas ou excessos de presença do objeto à etiologia das patologias-limite. E conclui questionando a oposição entre a teoria pulsional de Freud e as teorias das relações de objeto propostas por Greenberg e Mitchell em seu livro de 1983. Ela reafirma a posição greeniana da suplementariedade entre pulsão e objeto, concordando que o objeto é revelador da pulsão e que também a contém. Além disso, pensando sobre essa função de contenção do objeto, a autora "costura" as concepções greeniana e winnicottiana, afirmando que "o *holding* proposto por Winnicott tem em Green uma função objetalizante".

Construindo com Green e pontuando com Winnicott, Camila busca os elementos metapsicológicos necessários para avançar na construção de suas hipóteses clínicas e técnicas para o trabalho com pacientes-limite. Tanto os processos terciários, que permitem o trânsito entre os sistemas e fronteiras, quanto a estrutura enquadrante e o trabalho do negativo propostos por André Green são minuciosamente examinados no segundo capítulo do livro. Sabemos que são conceitos que buscam traduzir os efeitos psíquicos e o modo como se constituem (ou não) os espaços psíquicos e a organização tópica. Camila nos leva a compreender o entrelaçamento desses conceitos, bem como a alternância entre presença e ausência do objeto primário na formação do psiquismo. É com consistência que ela procura circunscrever, em um esforço de sistematização em esquemas gráficos, qual é o lugar no qual parte das pulsões ficaria represada nos quadros *borderline*, a saber, o "fora do psiquismo" – este lugar que fica apartado da parte organizada do *self* (si mesmo).

Com igual rigor, no terceiro capítulo a autora apresenta as noções "mãe morta" e "posição fóbica central", de Green, que são essenciais para o que ela tece acerca da etiologia e do funcionamento das patologias-limite. Camila articula esses conceitos a um entendimento pessoal de que os pacientes-limite ficam fixados no narcisismo primário, em função da pulsão não ter se tornado objetal, por falta de convocação por parte do objeto (mãe morta). Daí a possibilidade de classificar as patologias-limite como neuroses narcísicas, diferenciando-as, no entanto, da melancolia e divergindo da posição de Winnicott, para quem "o *borderline* é um psicótico que funciona de modo neurótico".

Após esse intenso esforço no sentido de lançar luz aos intrincados nós da metapsicologia psicanalítica, a autora propõe, no quarto capítulo, as ampliações técnicas que daí decorrem e se posiciona criticamente, sustentando suas próprias compreensões. A clínica que Camila nos apresenta traz consequências para a dimensão tópica do psiquismo. A elasticidade e o manejo requeridos para o atendimento dos casos-limite ganham densidade metapsicológica. E a própria metapsicologia dos limites (ou seja, uma forma de teorização sobre o funcionamento desses casos difíceis) aponta para a urgência psíquica de que se crie, nesses tratamentos e com cada paciente, novas (ou primeiras) condições de diferenciação eu-não eu.

Nesta clínica, ao oferecer-se como suplente do objeto primário, o analista convida o paciente para, juntos, criarem ligações onde antes havia "buracos negros". Por meio de sua presença viva e ativa, ele promove a ligação do afeto à representação e principalmente sustenta, junto ao paciente, a condição de representar a ausência. Nessa clínica "*per via di porre*", torna-se possível (re)estabelecer os limites borrados ou inexistentes entre eu e não eu, discriminação psíquica falha nos pacientes-limite. Redescobrindo e invertendo o paradoxo do casal Botella, Camila concebe uma tópica psíquica que inclui em si o que está fora dela, a saber, uma área anobjetal, pré-psíquica, que permanece tendo lugar no *self*, embora esteja fora da organização do aparelho psíquico como pensado pela primeira vez por Freud.

O paciente-limite exige uma clínica-limite sustentada por uma metapsicologia dos limites. É esta clínica, que promove mudanças psíquicas tópicas, que Camila sustenta nesta publicação. Temos aqui um livro em que a densa trama metapsicológica se confunde com a fina tecitura dos limites psíquicos com que nos defrontamos cotidianamente em nossas clínicas, dando, assim, melhor definição e elaboração à necessária porosidade das fronteiras e dos limites intrapsíquicos e intersubjetivos. Sem dúvida, trata-se de uma obra muito bem-vinda no cenário de publicações da psicanálise brasileira, que se mostra cada vez mais criativa, consistente e relevante.

Introdução: A emergência de uma "metapsicologia dos limites"

Tem ficado cada vez mais evidente que certas manifestações clínicas, como as adições, as doenças psicossomáticas, os distúrbios alimentares e certas depressões, entre outras, não podem ser reduzidas às estruturas nosológicas clássicas – como a neurose, a psicose e a perversão. Esses casos não são propriamente novos, mas o aumento da sua frequência e gravidade, tendo como parâmetro o risco de vida envolvido, têm justificado um olhar mais detido nas últimas décadas.[1] Essas manifestações têm sido acolhidas dentro do amplo espectro das "patologias-limite", "estados-limite", transtornos *borderline*, não neurose e, mais recentemente, transtornos narcísico-identitários, e são envoltas por uma variedade bastante grande de versões acerca de seu funcionamento e de sua gênese dentro da literatura psicanalítica. Entretanto, esses casos ainda se constituem como um desafio para a clínica psicanalítica e fazem,

---

1 Sobre o aumento da frequência desses quadros na atualidade, assunto que foge ao escopo deste trabalho, cabe ressaltar que a literatura tem sugerido como principal causa a perda das tradições e da história em consequência do tipo de relação subjetiva presente na sociedade atual (Safra, 2000; Hegenberg, 2000; Uchitel, 2002b; Viluttis, 2002, entre outros).

desse modo, uma exigência de novos avanços metapsicológicos que sirvam como base para intervenções mais eficazes.

Esses avanços devem ser inseridos no que compreendo ser uma "metapsicologia dos limites". Essa denominação parece ter surgido quando Helena Besserman Vianna fez a tradução e a publicação das conferências de André Green realizadas no Brasil no ano de 1988. Contudo, quase não encontramos referências a esse termo na literatura psicanalítica, ainda que muitas ideias desenvolvidas nas últimas décadas se debrucem sobre esse vasto campo. Penso que a "metapsicologia dos limites" pode ser definida, de modo geral, como parte da teoria psicanalítica que visa compreender a estruturação e o funcionamento dos limites do psiquismo, e, de modo específico, como parte da teoria psicanalítica que se destina a compreender a etiologia, o funcionamento e o tratamento das patologias-limite, manifestações decorrentes de falhas na constituição e no funcionamento dos limites do psiquismo. A metapsicologia dos limites compõe, assim, um campo que ao longo do tempo poderá articular as contribuições de diversos psicanalistas ao assunto, sustentando uma prática clínica que, como veremos, transcende a clínica da neurose.

Minha hipótese é a de que, desta vez, o giro metapsicológico exigido pelos casos-limite vai menos no sentido de ampliar a diversidade de modelos teóricos – como ocorre na história da psicanálise para a inclusão de novas patologias, como sugere Bercherie (1988), entre outros – e mais no sentido de fazer dialogar dois modelos teóricos que estão na base do pensamento psicanalítico, mas que foram historicamente separados e considerados, por muitos analistas, incompatíveis; a saber: o modelo pulsional e o modelo das relações objetais.

Como comentam Greenberg e Mitchell (1994), novos pacientes levam a novos dados clínicos que resultam em novas teorias.

Porém a comunicação entre as diferentes correntes da psicanálise foi mínima durante muito tempo, e talvez ainda seja bastante pequena, apesar dos esforços mais recentes. Seus principais representantes disputam a autoria da "verdadeira psicanálise", e muito pouco conhecimento se aproveita de uma corrente para outra. Nesse contexto, esses autores defendem a construção de uma psicanálise comparativa que poderá iluminar áreas significativas de divergência e convergência, obscurecidas pelo isolamento das diferentes correntes psicanalíticas. Como bem destaca Brusset (2006) acerca das patologias-limite:

> *Não se trata de descrever tantas metapsicologias quantos os modos existentes de organização patológica e multiplicar os modelos, e muito menos de integrá-los a uma teoria geral unificada, mas o respeito de sua coerência interna não impede de buscar articulações entre eles e com a teoria freudiana (p. 1275-1276).*[2]

Fazer dialogarem duas teorias historicamente constituídas como opostas passará necessariamente por desenhar os limites desse diálogo, como se verá adiante; contudo, antes de examinar mais detidamente as condições de oposição dessas duas teorias em questão, convém circunscrever um pouco melhor esses estados e denominações.

Atualmente é bastante vasta a literatura psicanalítica que descreve o funcionamento desses pacientes e teoriza acerca do funcionamento e do tratamento desses casos. No âmbito internacional, merece especial destaque os esforços de Kernberg (1967, 1985, 1995, 2001, entre outros textos), Searles (1986/2004), Brusset

---

2 As traduções dos textos utilizados em língua estrangeira são sempre de minha autoria.

(1999, 2003, 2005, 2006, 2013), André (2004, 2013), Roussillon (2004, 2007, 2008, 2012b), entre outros, além dos próprios Winnicott e Green, que serão objeto de um exame mais detido. No Brasil, destacam-se as contribuições de Figueiredo (2003), Uchitel (2002a, 2002b), Cardoso (2004), Figueiredo, Savietto e Souza (2013), Figueiredo e Junqueira (2016), entre outros.

A escola inglesa concebe o *borderline* como um quadro clínico específico com estrutura própria, o que justifica uma modalidade singular de tratamento; um quadro que fica na fronteira entre a neurose e a psicose e que se diferencia da perversão. Já a escola francesa, que prefere o termo "estados-limite", acredita que esses não se configuram como uma estrutura, sendo mais uma modalidade transitória de funcionamento psíquico presente nas neuroses graves e nas perversões (Villa; Cardoso, 2004). Há também um grupo de psicanalistas lacanianos que defende o uso do termo "pacientes inclassificáveis", pois esses pacientes não se enquadram nas estruturas clínicas propostas por Lacan (Miller, 1998).

Também considero significativo o termo "patologias atuais", proposto por Mayer (2001), que indica uma condensação entre as patologias que estão aparecendo com maior frequência na atualidade e as patologias caracterizadas pela atuação (*acting out*, passagem ao ato e *enactment*), pois são essas repetidas atuações que marcam as dificuldades técnicas na clínica desses pacientes. Outros analistas preferem o termo "paciente-limite", pois esses são os pacientes que nos colocam no limite da técnica com seus inúmeros pedidos de exceções ao enquadre clássico, bem como por dificuldade de associar livremente e de fazer uso das interpretações transferenciais. No entanto, o termo "paciente-limite" me parece particularmente interessante, já que aponta para a própria constituição dos limites do psiquismo, aspecto que desejo destacar neste trabalho. Green (2008), que se utilizava de termos como patologias e casos-limites, irá propor mais ao final de sua obra a ampla denominação de "pacientes não neuróticos". E, mais recentemente, Roussillon (2010, 2012b) irá se referir a essas patologias como transtornos narcísico-identitários, dando ênfase ao que considera preponderante na etiologia desses casos: a questão do narcisismo primário e a falhas na formação da identidade.

De acordo com Brusset (1999), já a partir dos anos 1960 houve uma tentativa de afinar a descrição desses casos. Os elementos comuns seriam: a importância dada ao Eu; a fragilidade do Eu e de seus mecanismos de defesa; a angústia maciça e simultânea de intrusão e de perda do objeto, em que os conflitos não são simbolizáveis e em que se apresentam um polimorfismo dos sintomas e uma inconsistência nas relações de objeto. Numa concepção mais atual: "o estado-limite se definirá pela importância da problemática dos limites sob diferentes ângulos: dentro/fora, interior/exterior, Eu/fora do Eu, imaginário e real" (p. 4). Desse modo, "o estado limite coloca um problema transnosográfico. Ele obriga a sair do ponto de vista estritamente classificador para considerar a dimensão estrutural, notadamente em seus limites, e a dimensão dinâmica e genética" (Brusset, 1999, p. 5). Enquanto a neurose, a psicose e a perversão foram, desde Freud, definidas como conflitos entre as instâncias psíquicas e a realidade, o funcionamento limite se caracteriza por uma precariedade de constituição do aparelho psíquico e, portanto, por uma porosidade dos limites entre essas instâncias, uma precariedade na função de paraexcitação que resulta em atuações e somatizações. Isso não exclui a coexistência de conflitos entre as instâncias, porém caracteriza problemas que ocorrem num outro plano, a saber: a constituição do aparelho psíquico e do Eu.

Neste trabalho utilizarei de forma alternada os termos *borderline*, "pacientes-limite" ou "estados-limite", bem como "patologias-limite". A intenção de não aderir a um único termo se relaciona à necessidade de manter em evidência a heterogeneidade das patologias cobertas por essas denominações e, sobretudo, a heterogeneidade das teorias e formulações que se dedicam a esses quadros, que se constituem como palco deste estudo. A utilização alternada de ambos os termos, Eu e Ego, como sinônimos também é mantida, ora respeitando o autor ou a tradução a que o texto se refere, ora como necessidade de manter em evidência a heterogeneidade das linhas de pensamento com que este texto irá trabalhar.

Para tratar da articulação da teoria pulsional com a teoria das relações de objeto, com vista a estabelecer uma metapsicologia mais precisa para compreensão e tratamento das patologias-limite, optei por trabalhar essencialmente com a teoria de três autores: Freud, que é o principal representante da teoria pulsional; Winnicott, que entre os principais autores das relações de objeto é o que apresenta as inovações técnicas que têm sido mais intensamente consideradas pelos psicanalistas atuais para o tratamento das patologias-limite; e Green, que se dedicou, entre outras questões, a pensar as possibilidades de articulação entre esses dois autores em favor da compreensão desses casos, além de apresentar contribuições próprias preciosas para a metapsicologia e para a clínica dos pacientes não neuróticos.

Diante desse trabalho de tecer relações não apenas entre conceitos, mas entre sistemas conceituais distintos, considero importante deixar claro que a ideia não é utilizar as referências a Freud ou mesmo aos outros autores como uma espécie de validação de ideias, mas tão somente como circunscrição de um campo no qual pretendo tecer alguma amarração teórica. Pois esses acréscimos só terão sentido em relação ao restante dessa grande "tenda" que a psicanálise tece coletivamente e, portanto, deverão estar bem articulados a ela. Nesse sentido, se encontro em Freud ressonâncias em relação a alguma modificação ou acréscimo que desejo fazer à teoria, eu me dispenso de abordar outras partes da teoria que não são meu foco de atenção e posso contar com o respaldo de Freud nesses pontos. Não se torna necessário, assim, reinventar toda a metapsicologia para assentar a minha contribuição, ou mesmo articular contribuições de outros. Como no poema de João Cabral de Melo Neto que introduz este trabalho, são necessários muitos galos para tecer uma manhã! Procuro trabalhar, portanto, dentro de um campo de transdircursividade que, assim como aponta Figueiredo (2007), inspirado por Foucault:

> *Não só permite como solicita esses atravessamentos: acredita-se que um texto psicanalítico só comece a dizer (reticentemente) a sua verdade à luz da experiência clínica do leitor e à luz de outros textos que emergiram da experiência inconsciente, seja a de outros psicanalistas, seja a de literatos e de artistas em geral (p. 289).*

Nesse sentido, inicio o Capítulo 1 examinando as implicações de articular a teoria pulsional com a teoria das relações de objeto. Aponto a princípio alguns aspectos históricos e políticos, e, em seguida, procuro destrinchar os limites e tensões teóricas tendo como mediador as colocações de André Green. Ao tomar o objeto e a pulsão como par inseparável, esse autor não se detém na necessidade de pensar os limites desse diálogo e muito menos de considerar a oposição entre essas teorias. Green segue outro caminho: preocupa-se mais em justificar sua compreensão da pulsão e do objeto como inseparáveis, além de pensar nas consequências dessa ideia para a metapsicologia de modo geral, porém, mais recentemente, revê sua posição e propõe por fim uma "teoria dos gradientes".

O Capítulo 2 se destina a tecer as consequências tópicas que o diálogo entre a teoria pulsional e a teoria das relações de objeto podem produzir. Apresento algumas contribuições de Green para a metapsicologia dos limites – processos terciários, estrutura enquadrante e funções objetalizantes e desobjetalizantes, entre outros conceitos –, para em seguida expor uma representação gráfica que apresenta o esquema proposto por Green, que articula a primeira e a segunda tópica freudiana à teoria da representação, em conjunto com o espaço transicional de Winnicott e com a estrutura enquadrante. Embora o escopo deste trabalho se situe em torno das contribuições de Green para a metapsicologia dos limites, introduzo também algumas ideias de Brusset acerca do que poderia constituir uma terceira tópica. Nesse espaço, a pulsão que, sem mediação psíquica, é evacuada pelos pacientes-limite em forma de ato ou no corpo, é vivida por meio de intensas angústias de abandono e de intrusão concomitantemente. Comento também algumas considerações de autores contemporâneos de corroboram com essa ideia.

No Capítulo 3 procuro explicitar o funcionamento e a etiologia das patologias-limite a partir das contribuições de Freud, Winnicott e Green. Apresento a ideia de que os pacientes-limite se configuram como um tipo específico de neurose narcísica, que se diferencia da melancolia e se caracteriza por um represamento da libido no narcisismo primário, fora do aparelho psíquico. Isso justifica o esforço de esquematização tópica realizado no capítulo anterior, com vista a incluir no *self* uma área fora-do-psíquico, produto do clivado, dos desinvestimentos e das desobjetalizações maciças, que nos permite pensar o trânsito na tópica dos pacientes-limite.

No Capítulo 4, aponto os limites da clínica freudiana para o tratamento das patologias-limite, a introdução de uma técnica modificada que inclui o manejo e implica uma ampliação da noção de interpretação. A partir da análise das contribuições de Winnicott para essa ampliação e da apresentação de vinhetas clínicas, sustento a existência de uma diferença entre as interpretações clássicas que operam na dinâmica e na economia psíquica e a interpretação que segue o modelo winnicottiano mãe-bebê e que tem incidências na tópica, favorecendo a diferenciação interno/externo, Eu/ não Eu. Além disso, procuro apontar outras ideias fundamentais para a clínica desses pacientes, as quais têm sido pensadas nas últimas décadas, como: a transferência sobre o enquadre, o uso da contratransferência e da identificação projetiva como forma de comunicação e o *enactment* como instalação de uma cena simbolizante que pode permitir a integração da pulsão desobjetalizada na rede simbólica, cerzindo elos de ligação.

Por fim, para apresentar minhas considerações finais retomo os principais fios tecidos até então, argumento a favor de uma clínica que opera *per via di porre*, na qual o analista contribui para a construção do aparato simbólico e de elos de ligação, atuando, por vezes, na função de "suplência de objeto primário", contribuindo para a (re)constituição da tópica interno/externo, Eu/não Eu, tecendo limites psíquicos que demarcam continentes, apaziguando, assim, as angústias de perda e intrusão e contribuindo tanto para um melhor funcionamento da capacidade simbólica como para uma aproximação da realidade externa.

O texto que apresento a seguir foi construído ao longo da última década. Parte foi desenvolvida como tese de doutorado defendida, em 2010, no Instituto de Psicologia da Universidade de São Paulo (IPUSP). Nesse sentido, agradeço ao trabalho de orientação do prof. dr. Nelson Ernesto Coelho Junior, sua "presença implicada", disposição ímpar para discutir e rediscutir, e, especialmente, sua "presença reservada", que deixou espaço para meus ímpetos de criatividade, que foram essenciais para configuração desse percurso. Agradeço também aos membros do grupo de orientação: Adriana Pereira, Alexandre Maduenho, André de Martini, Maria Carolina Garcia, Elisa Amaral, Érico Campos, Gisele Senne, Karina

Barone, Manuela Moreno, Perla Klautau, Pedro Salem, Roberto Preu e Rosana Sigler, a oportunidade de dividir e multiplicar as ideias contidas neste trabalho. Bem como agradeço aos professores da banca de qualificação Octavio de Souza e Daniel Kupermann, que se somaram a Luis Augusto Celes e Luis Cláudio Figueiredo na banca final, pelos apontamentos que vieram aprofundar certas reflexões e pelos estímulos à publicação de seu conteúdo.

Outra parte deste texto foi constituída no âmbito de uma pesquisa de pós-doutorado realizada no mesmo Instituto entre os anos de 2012 e 2016, supervisionada pelo prof. dr. Luís Claudio Figueiredo, a quem agradeço por ter abraçado este projeto. À Fapesp agradeço o apoio concedido durante as minhas passagens pela pós-graduação.

Agradeço também a Alessandra Sapoznik, Aline Camargo, Ana Cecília Mesquita, Andréia Bevilacqua, Liliane Mendonça, Lucas Simões, Ludmila Frateschi, Mabel Casakin, Magdalena Ramos, Manuela Moreno, Maria Regina Marques, Mario Fuks, Miriam Rejani, Nanci de Oliveira, Olivia Falavina, Susana Diaz, Vera Lyra e *mui especialmente* Renata Gaspar e Waleska Ribeiro, membros e supervisores do Projeto de Investigação e Intervenção nas Anorexias e Bulimias do Departamento de Psicanálise do Instituto Sedes Sapientiae, pela acolhida e pelas discussões que contribuíram, desde 2009, para o aprofundamento da dimensão clínica deste estudo, pois foi onde pude me envolver com o atendimento de diversos pacientes que contribuíram enormemente para os desdobramentos e reflexões desta pesquisa. Aos pacientes, minha profunda gratidão.

Aos amigos do Grupo de Estudo Winnicott & Green: Antônio Albergaria, Carmen Alvarez, Selma Bastos e Sergio Urquiza, agradeço pelas discussões tão profícuas e pelas diversas contribuições.

Às amigas da "Oficina de textos", Bernardette Casalli, Carolina Scheuer, Gina Tamburino, Lisette Weissmann, Marina Ribeiro, Rachele Ferrari, Renata Condes e Simone Varandas, agradeço a leitura dedicada do Capítulo 4.

A Maria Elisa Pessoa Labaki agradeço pelo interesse e pelo incentivo para a publicação deste trabalho.

A Flávio Ferraz agradeço a acolhida do texto e a paciência para seu tempo de reconstrução e maturação até sua versão final.

A minha família e meus amigos queridos agradeço a alegria e o conforto; sem eles esse longo percurso não faria sentido.

1. A teoria pulsional e a teoria das relações de objeto

Aspectos históricos e políticos

A afirmação de que para melhor compreender a metapsicológica dos estados-limite é necessário fazer dialogar a teoria das relações de objeto com a teoria pulsional, que foram constituídas na história da psicanálise como opostas, me remete ao exame do tema das dissidências, fragmentações, pluralismo, diferenças e convergências em psicanálise.

Ainda que dialogar não signifique "fazer convergir", é preciso avaliar com cuidado os limites até os quais essas teorias podem ser "esticadas" sem deformações, e o limite no qual começamos a falar de uma terceira teoria, geneticamente filiada às suas predecessoras, mas com características próprias. Trabalhos sobre a história da psicanálise, sobre suas correntes e sobre as instituições psicanalíticas são escritos desde o início da psicanálise: o primeiro deles provavelmente foi *A história do movimento psicanalítico* (1914/1989h), escrito por Freud. Contudo, para apontar alguns atravessamentos históricos que existem acerca das divergências e das convergências entre as teorias das relações objetais e teoria pulsional, como um preâmbulo para um debate entre essas teorias, escolhi delimitar o meu estudo a um conjunto de textos mais recentes que realizam uma revisão histórica dos aspectos que interessam a este trabalho.

Bergmann (1997, 2004b) sugere que há uma diferença entre os dissidentes, que foram expulsos do movimento psicanalítico junto com suas ideias; os modificadores, que influenciaram a psicanálise como a conhecemos hoje, promovendo controvérsias; e os extensores, que apenas teriam ampliado pontos para além de Freud. Não por acaso, os dissidentes tiveram relações pessoais com Freud, que chegou a apontar a resistência às ideias psicanalíticas como um grande fator para a dissidência: foi assim com Adler e com Jung. Bergmann (2004b) afirma que em muitos casos a dissidência esteve relacionada à forma como Freud hostilizava as ideias, dando a entender que a dissidência também poderia estar relacionada às resistências de Freud a certos conceitos, embora não chegue a afirmar isso claramente. Entretanto, para esse autor a resistência não pode ser o único fator a explicar a diversidade da psicanálise; devemos procurar outros fatores que estiveram em jogo ao longo da história da psicanálise.

Bergmann (1997, 2004b) aponta ainda como a primeira dissidência, marcada pela expulsão de Adler em 1912, foi de extrema importância para Freud, pois o obrigou a uma formulação mais rigorosa acerca do que era e do que não era, para ele, a psicanálise. O resultado dessas formulações passou então a fazer parte das bases da ortodoxia psicanalítica, embora Bergmann (1997) já reconheça um movimento em Freud no sentido da ortodoxia desde o texto *Psicanálise silvestre* (1910/1989e), que demonstra o risco de compreensões apressadas e superficiais das ideias psicanalíticas. Segundo Bergmann (1997), o papel de Freud na formação da ortodoxia psicanalítica é contraditório: de um lado era capaz de descartar modelos e incluir novas formas de pensar, como a segunda tópica e a pulsão de morte; por outro lado, parecia satisfeito com a formação de um comitê secreto em 1912 que protegia sua ortodoxia, impedindo, por exemplo, que a resenha de Fenichel sobre *Análise terminável e interminável* fosse publicada, provavelmente porque este se opunha à pulsão de morte. "Contraditório" é o termo que Bergmann usa; porém, considero importante destacar que há uma diferença bastante compreensível no movimento de Freud de desconstrução e reconstrução de sua própria teoria e no movimento de reação em relação às criticas de seus pares.

Um dos resultados da ortodoxia foi a instauração da análise didática como forma de controle sobre a formação de novos psicanalistas, o que deslocou para a formação das dificuldades em relação aos vínculos transferenciais entre analisando em formação e analista didata. Diante disso, para Bergmann (1997), os currículos de formação deveriam incluir o estudo da história da psicanálise para uma melhor compreensão da diversidade na psicanálise e como antídoto para a ortodoxia. Dessa forma, esse autor acredita que a ortodoxia teve sua importância para que a psicanálise ganhasse consistência e não fosse diluída numa profusão de pensadores. Por outro lado, não considera algumas ideias que poderiam ser valiosas para sua evolução, e, diante desse quadro, o estudo da história seria uma forma de escapar do lado empobrecedor da ortodoxia.

Wallerstein (1988/1999a, 1990/1999b, 2004) defende, na posição de presidente da International Psychoanalytical Association (IPA), a existência de um pluralismo teórico na psicanálise em torno de uma unidade clínica, que seria o principal eixo de um *common ground*. Wallerstein é duramente criticado por Green (2004a), que vê na aceitação do pluralismo a recusa de uma discussão teórica mais profunda sobre as diferentes teorias em psicanálise.

Kernberg (2004) também critica essa posição, afirmando que o pluralismo é uma máscara para o ecletismo, uma mistura pouco rigorosa de teorias psicanalíticas que têm pressupostos geralmente diferentes. Depois de receber essas críticas, houve uma ligeira modificação no discurso de Wallerstein (2005a, 2005b), que passou a pregar a necessidade da construção de um *common ground* que una os psicanalistas. Esse autor acredita que isso é possível, pois, após tempos marcados pelas dissidências e controvérsias, atualmente nos encontramos em um clima de convergência entre teorias; o próprio Kernberg seria um exemplo disso.

A tentativa de Wallerstein de negar a importância das diferenças teóricas chama a atenção, e Green compreende isso como um "ato político". Green (2005a) escreve:

> *Não estou usando esse adjetivo [político] de modo pejorativo. Parece-me que é totalmente pertinente à prerrogativa de um presidente alimentar a unidade entre membros de sua associação que transcendam fronteiras geográficas e ideológicas. Assim como qualquer bom pai procura reduzir as diferenças de opinião entre suas crianças, mesmo quando cada uma tenha adotado diferentes pontos de vista políticos, geralmente contraditórios e mesmo incompatíveis (p. 627).*

E conclui afirmando que:

> *Para a ampliação desse pluralismo que não existe, nós temos que criá-lo, o que significa instituir comunicação genuína entre correntes de pensamento e o encorajamento de discussões profundas dos princípios em que se baseiam os principais pontos de vista teóricos*

que governam a psicanálise contemporânea. Para mim não é suficiente mencionar o common ground *para que ele exista [...] a palavra não é suficiente para criar a coisa (p. 631).*

Portanto, Green dá a entender que, para que haja um melhor aproveitamento da diversidade da teoria psicanalítica, uma discussão teórica profunda ainda deve ser estabelecida.

Green (2004a) propõe que deveríamos ser capazes de definir qual é o núcleo (*core*) da psicanálise e que a dissidência deveria ser definida em relação aos afastamentos e aproximações desse núcleo. Entretanto, para tal definição, são necessárias discussões profundas, diferentes das que têm ocorrido e que inspiram Wallerstein a falar em pluralismo. Para Green (2004a), o estado da psicanálise atualmente não é de pluralismo, mas sim de fragmentação. Ele escreve:

> *Eu não considero a tolerância às múltiplas concepções de psicanálise uma condição aceitável. Fragmentação é um passo em direção à morte. Nossa tarefa é tentar confrontar as hipóteses principais para discuti-las minuciosamente, e tentar encontrar um caminho para recriar não um* common ground, *mas quiçá uma concepção aberta e unificada de psicanálise (p. 120-121, grifo meu).*

Green (2004a) explica esse processo de fragmentação por meio da violência dos movimentos, que fez recrudescer os debates, isolou certos teóricos e contribuiu para a aceitação de proximidades superficiais. Um exemplo disso é Winnicott e Bion, que são ignorados nos Estados Unidos, e Searles, mais importante na França do que nos Estados Unidos, seu lugar de origem. Para além disso, também teve grande contribuição à fragmentação da psicanálise a inclusão de algumas patologias que antes eram consideradas inanalisáveis e que passaram a exigir novas técnicas e teorias, como os pacientes *borderline*. Green (2008) acredita que a fragmentação é a responsável pela crise da psicanálise, que enfraquece sua identidade ao comprometer sua unidade.

Ao que parece, até a morte de Freud ocorreram propriamente dissidências, e depois fragmentações e regionalizações da psicanálise. É nesse sentido que Bercherie (1988), em seu livro *Geographie du champ psychanalytique*, procura fazer uma discussão sobre a diversidade na psicanálise por meio de um viés teórico. Para esse autor, Freud criou quatro modelos metapsicológicos distintos, contraditórios em seus princípios, mas que ele usa alternadamente sem distingui-los. Isso explica, para Bercherie, a existência de tendências tão heterogêneas na psicanálise, pois as quatro correntes fundamentais da psicanálise se articulam cada uma a um desses quatro modelos freudianos originais.

Bercherie (1988) nomeia, então, os quatro modelos. Com isso, sintetiza seus principais conceitos e suas principais referências clínicas e os relaciona a cada uma das quatro correntes principais que dividem atualmente o campo analítico. Muitos poderão criticar a forma de organização do campo psicanalítico proposta por Bercherie e até mesmo condenar seu esforço de organização de um campo tão diverso, ou fragmentado, como alguns preferem denominar. Entretanto, o que é importante no argumento desse autor é a ideia de que a diversidade da psicanálise já existe dentro da obra de Freud, que não produziu um sistema fechado ou completamente coerente. Portanto, no que diz respeito às divergências em psicanálise, nem tudo se explica por questões transferenciais e políticas, embora não se deseje negar sua importância. Porém, há uma parte dessas divergências que pode ser relacionada à complexidade humana e que é suscetível a um debate teórico-clínico, viés da discussão que mais interessa a este trabalho.

Como adverte Bercherie (1988), "o debate entre as teorias é um diálogo de surdos, traduzindo para seu sistema o que lhe faz eco e rejeitando sem apelo aquilo que transborda" (p. 119). Porém, ao lidar com essa questão, também há o risco de cair no polo oposto, forçando convergências que não são possíveis, daí pensar os limites do diálogo entre a teoria pulsional e a teoria das relações de objeto. Para tanto, ainda cabe um breve panorama acerca desse campo de divergências com vistas a situar melhor o recorte proposto por esta pesquisa.

De acordo com Greenberg e Mitchell (1983/1994), o primeiro desenvolvimento da teoria psicanalítica foi construído em torno do conceito de pulsão. Embora Freud não desconsiderasse a importância das relações interpessoais, o estudo das pulsões era mais importante e urgente. Porém, ainda segundo esses autores, a primeira teoria pulsional se mostrou insuficiente quando Freud passou a se interessar pelo estudo das relações do Ego com o mundo externo. Fazendo, então, uso de uma estratégia que esses autores denominam "acomodação", Freud teria ampliado seu modelo conceitual original para acomodar as relações de objeto. Contudo, as relações com os outros seriam sempre compreendidas em termos pulsionais, em que o objeto é, sobretudo, objeto da pulsão. Outra estratégia possível, mas muito mais radical, para lidar com a necessidade de atenção às relações de objeto é a de substituir o modelo pulsional por outro, no qual as relações com as outras pessoas estão no centro da construção da vida mental. Esse é, segundo esses autores, o caminho seguido pelos teóricos das relações de objeto, como Fairbairn e Winnicott, entre outros.

A tese de Greenberg e Mitchell (1983/1994) sobre a primazia da pulsão na constituição do psiquismo em Freud e da inclusão das relações de objeto como apenas uma estratégia de acomodação é importante para que esses autores possam contrapor a esse movimento de Freud o movimento dos teóricos das relações objetais. Contudo, os argumentos desses autores parecem demasiado frágeis. Não se questiona a construção de um modelo oposto ao de Freud. Isso parece ser um fato histórico, mas o que coloco em discussão é que essa oposição não parece justificável pela ausência do objeto na teoria freudiana até 1917, assim como argumentam esses autores. Um olhar mais detido nos mostrará que o objeto tem sua relevância para a constituição do psiquismo na teoria freudiana desde seus textos mais iniciais, como *A interpretação das afasias* (Freud, 1891/1977), que será examinado adiante. E, nesse sentido, a construção das relações de objeto como "modelo oposto" é, na realidade, um fato político.

Para Green (2005b), Freud tendia a explicar as coisas de modo mais solipsista e deu ênfase à pulsão porque cada descobridor tende a enfatizar o que traz de mais novo e original, o que no caso de Freud era o determinismo pulsional. Inversamente, os pós-freudianos quiseram enfatizar o objeto, o *self* e o intersubjetivo, e se afastaram da pulsão. Green sugere, assim, que a dicotomia pulsão/ objeto é mais uma questão estratégica de promoção de uma teoria explicativa do que uma incompatibilidade teórica. Green parece estar de acordo com Mitchell e Black (1995), que apontam as manipulações que se podem fazer com uma teoria em nome ora da originalidade, ora da continuidade. Esses autores, estudiosos dos vários teóricos das relações de objeto, advertem em seu prefácio:

Linguagem nova é às vezes inventada para propagar ideias antigas, pois assim diferenças podem ser exage-

radas para a reivindicação de originalidade. Linguagem antiga é às vezes esticada para propagar novas ideias, pois assim similaridades podem ser exageradas em favor da reivindicação de continuidade (Mitchell; Black, 1995, p. xxi).[1]

Hanly (2003) afirma, seguindo a mesma linha de pensamento, mas sendo muito mais explícito:

> Os psicanalistas que tomaram a "guinada relacional" propagam a impressão de que são os defensores de uma nova ideia e que a análise clássica (psicanálise antes da "guinada relacional" da intersubjetividade) não reconhece as relações de objeto. A psicologia de Freud é uma psicologia para indivíduos[...] Ainda que em suas reivindicações por originalidade, os psicanalistas na "guinada relacional" tenham atribuído à psicanálise clássica uma desvantagem das relações de objeto em favor dos determinantes pulsionais, uma leitura justa de Freud considerará a atribuição equivocada (p. 422-423).

Num texto mais antigo, Modell (1973) afirma que há uma teoria de relações de objeto latente em Freud, mas não manifesta. Mais recentemente, Tyson e Tyson (1993) apontam que, ao que parece, o reconhecimento de uma teoria de relações de objeto em Freud causa cada vez menos desconforto entre os psicanalistas.

---

1 Note que este é o mesmo Mitchell que, uma década antes – a publicação original do texto de Greenberg e Mitchell (1984) data de 1983 –, na companhia de outro autor, afirmava com muito mais veemência a oposição entre as teorias das relações de objeto e a teoria freudiana.

Mitchell e Black (1995) nos lembram de que a teoria das relações de objeto nasceu ligada ao Grupo Independente, que emergiu em meio às controvérsias entre Anna Freud e Klein nos anos 1940. Os participantes desse grupo não eram apenas independentes em relação aos annafreudianos e aos kleinianos, mas também independentes entre si, e todos se distanciaram dos instintos (Klein) e das defesas (Anna Freud) para focar nas relações com os outros. Desse modo, nesse grupo, cada autor fez isso à sua maneira, o que torna o campo das relações de objeto muito diverso e certamente inspira a escolha de Bercherie (1988), baseado em Balint, por denominá-los "nebulosa marginal". Esses autores, que preferiram a afiliação à IPA a criar uma nova escola de pensamento, não desejavam ser considerados dissidentes. Nesse sentido, Gurfinkel (2017) prefere o termo "pensamento das relações de objeto" ao termo "escola das relações de objeto". Ainda cabe ressaltar que, segundo Kernberg (2004), o clima da Sociedade Britânica daquela época, de acolhimento das diferenças inclusive como refúgio de algumas vítimas de perseguição do regime nazista, favoreceu que Winnicott e Klein, entre outros dissidentes em potencial, fossem aceitos como modificadores da psicanálise.

Parece haver certo consenso de que as teorias das relações de objeto tiveram suas origens ligadas à oposição de Fairbairn à ideia de que a pulsão seria decisiva na origem e no funcionamento do psiquismo, embora alguns autores também apontem em Abraham e Ferenczi ideias importantes para as teorias das relações de objeto (Gurfinkel, 2017). Blum (Bergmann et al., 2004) nos lembra que Ferenczi foi o primeiro que se propôs a pensar como a análise influencia o analista e que já havia aí uma semente das relações objetais, pois ele estava pensando a relação analista-analisando para além da transferência. Para Bergmann (1997), Ferenczi foi o primeiro modificador psicanalítico, pois gostaria de introduzir alterações na técnica sem romper com a psicanálise clássica e sem fundar uma nova escola.[2]

Contudo, Fairbairn é considerado por diferentes historiadores da psicanálise (Greenberg; Mitchell, 1983/1994; Hughes, 1989; Kernberg, 1989) como o primeiro a cunhar o termo "teoria das relações de objeto". No primeiro texto em que apresenta suas ideias sobre as relações de objeto e faz sua crítica à teoria de Freud, Fairbairn (1940) é bastante explícito:

> *Creio que é tempo de que a atenção do psicopatólogo centralizada no passado, primeiro sobre o impulso e depois sobre o eu, se concentre sobre o objeto em direção ao qual o impulso de dirige. Para me expressar com clareza, direi que é chegado o momento em que se estabeleça uma psicologia das relações de objeto (p. 67).*

Fairbairn é tão contundente nas críticas que faz ao modelo freudiano e tão criativo nas alternativas que propõe que, para alguns comentadores como Birtles (2002) e Leitão (2007), entre outros, ele funda um novo paradigma. Muito embora seja verdade, como apontam Winnicott e Khan (1953), que, apesar de procurar propor uma teoria total, sua obra apresenta muitas lacunas em relação à teoria do funcionamento psíquico, sobre o trabalho onírico, sobre a memória, alucinação etc., de forma a parecer certo exagero a afirmação de que há aí um novo paradigma, pois vários aspectos do funcionamento psíquico permanecem intocados.

---

2 Cabe ressaltar que, se Ferenczi não ganhou espaço nesse texto, isso se deve à necessidade da realização de um recorte do campo de estudo, e não à subestimação de sua importância, especialmente no que tange ao manejo clínico dos pacientes em questão.

Apesar de alguns autores incluírem Klein entre os teóricos das relações de objeto por suas ideias sobre os objetos internos, bons e maus, penso que essa inclusão é questionável, pois, apesar de todas as diferenças entre os teóricos das relações de objeto, o núcleo comum de suas teorias é a hipótese da primazia do objeto externo para a constituição do psiquismo. Essa ideia não é compartilhada por Klein, cujo pensamento se caracteriza muito mais pelas quantidades inatas de instintos de vida e morte, diante dos quais o objeto externo só vai ganhar importância na passagem para a posição depressiva.

É bem verdade, entretanto, que Klein, antes de Fairbairn, já havia dado ênfase significativa aos objetos na constituição psíquica, inspirando além desse autor também Winnicott e Balint, entre outros. Para Greenberg e Mitchell (1983/1994), Klein teve um papel transicional entre a teoria pulsional de Freud e as teorias das relações de objeto que a sucederam. Esses autores escrevem:

> *Melanie Klein tinha alterado a teoria freudiana de maneira fundamental que apontava na direção de uma teoria estrutural-relacional da motivação, desenvolvimento e psicopatologia, sem que ela própria desse o passo final e abandonasse o modelo estrutural pulsional clássico. Klein continuamente tece conceitos e questões de relações objetais com a linguagem tradicional da pulsão e impulsos e o léxico clássico das partes corporais. Fairbairn dá o passo final, livrando completamente o seu relato das interrelações entre as pessoas da psicologia impulsional clássica. Muitos dos traços centrais da teoria de Fairbairn estão em completo contraste com o sistema teórico de Klein (p. 128).*

Segundo Mitchell (1994), enquanto Klein pensa as relações de objeto com o pé fincado na teoria freudiana da pulsão, Fairbairn formulou uma teoria das relações de objeto mais pura, que, junto com a teoria interpessoal de Sullivan compõe a mais completa e sistemática alternativa para a teoria clássica da pulsão.

Podemos observar, assim, que as denominadas "teorias das relações de objeto" desenvolvidas a partir de Klein e de Fairbairn formam um conjunto bastante heterogêneo, agrupando autores mais próximos ou mais distantes de Freud, bem como autores com as propostas mais diferentes para seus pontos de incongruência com a teoria clássica. Contudo, como aponta Mitchell (1994):

> Por conta da política e das polêmicas em torno da "teoria das relações de objeto" como um movimento, houve pouca avaliação crítica e balanceada de suas contribuições e tendências, obscurecendo sistemas teóricos muito diferentes e altamente distintos. Pois muito da discussão tende tanto a glorificar como a rejeitar esses sistemas, que a riqueza de seu pensamento fica geralmente perdida (p. 67).

Fairbairn desenvolveu uma linguagem completamente nova, e – diferente de Klein e Winnicott, que tentaram preservar ao máximo a teoria clássica – sua crítica à Freud foi realizada pelo cerne da teoria. Esse autor pensava que a teoria da libido e do desenvolvimento psicossexual não servia de base para a clínica e estava equivocada quanto ao modelo explicativo da motivação humana (Greenberg; Mitchell, 1983/1994). Fairbairn parte de uma ideia básica: a libido não busca satisfação, como propôs Freud; a libido busca o objeto. Para esse autor não apenas o objeto está embutido no impulso desde o início, mas a característica principal da energia libidinal é a busca pelo objeto. Dessa ideia, Fairbairn deriva uma teoria complexa e completamente distinta da metapsicologia freudiana: (1) o princípio de realidade é considerado como primordial e a instalação do princípio de prazer é compreendida como uma deterioração do funcionamento psíquico; (2) o masoquismo e a compulsão à repetição são dispensados do corpo teórico, já que a aderência a experiências dolorosas é explicada em termos da busca por objetos que eventualmente são maus objetos; (3) o Eu é original e uno, e a fragmentação do Eu é uma decorrência dos processos patológicos; (4) o aparelho psíquico passa a ser dividido entre Eu central, Eu libidinoso e sabotador interno, abandonando-se a segunda tópica; (5) a natureza do reprimido é alterada: num primeiro momento, este é apenas formado por objetos maus, e no final de sua obra Fairbairn considera o reprimido como formado por objetos de modo geral (Fairbairn, 1945, 1946, 1994).

Segundo Scharff (2004), Balint, diferentemente dos outros teóricos das relações de objeto, tentou manter o modelo dos instintos junto ao objeto, afirmando que a libido busca tanto o objeto como a satisfação. Isso justificaria um olhar mais detido às contribuições desse autor, entretanto, optei por privilegiar as contribuições de Winnicott devido à sua importância clínica e por ele constituir referência central para Green, autor cuja contribuição para a metapsicologia dos limites este trabalho tem por objetivo enfatizar.

De acordo com Green (1990, 1995a, 1999a, 2008), embora a teoria das relações de objeto tenha sido em grande parte pensada para dar conta da clínica que se denomina atualmente "patologias-limite", esse modelo não se mostra suficiente, pois o intersubjetivo, enfatizado pelas teorias relacionais, não substitui o intrapsíquico enfatizado pela teoria pulsional. Na esteira de Green, podemos observar que falta à teoria das relações de objeto uma teoria da motivação dessas relações que já era dada pela teoria das pulsões.

Falta, também, à teoria das relações de objeto uma articulação com a teoria representacional – como Freud (1895/1989a) expõe no *Projeto*, retoma no texto *O inconsciente* (1915/1989k) e em outros momentos pontuais da obra – que permita pensar como as relações de objeto incidem na constituição e no funcionamento dos limites do aparelho psíquico.

Kernberg (2004) encerra sua participação na discussão promovida por Bergmann (2004) afirmando, em acordo com Green:

> *As pulsões estão acondicionadas num mundo interno de relações de objeto; elas estão indissoluvelmente ligadas a ele. A teoria das pulsões sem uma teoria estruturada das relações de objeto não vai a lugar algum. Para mim, o núcleo são as pulsões, determinando as motivações inconscientes acondicionadas em relações de objeto internalizadas que determinam a estrutura tripartite do Ego, Id e Superego, que se manifestam em modelos de comportamentos habituais que nós denominamos de caráter, e eles determinam a transferência e a experiência subjetiva que é o mundo das relações de objeto – citando Sandler – constituído pelo conceito de self e pelo conceito de outro significante (p. 357).*

Green (2004a) discorda em muito de Wallerstein (2004), não apenas nas questões sobre o pluralismo e o *common ground*, e afirma que o intersubjetivo não substitui o intrapsíquico, pois o intersubjetivo não dá conta de explicar todos dos fenômenos psíquicos; por exemplo, não explica os processos oníricos ou o processo de recalque. Green escreve: "agora esses dois pontos de vista têm sido opostos. Na minha ideia, nós temos que juntá-los, o intrapsíquico e o intersubjetivo. Cada um coexiste com o outro, e essa é a originalidade da psicanálise" (2004a, p. 266). Evidentemente, juntar o intrapsíquico com o intersubjetivo não significa necessariamente juntar a teoria pulsional com a teoria das relações de objeto, pois, em tese, o intrapsíquico e o intersubjetivo poderiam convergir a partir de uma terceira teoria completamente nova. É necessário refletir se Green vai delinear outra teoria, embora não completamente nova, pois articula aspectos da teoria pulsional e da teoria das relações de objeto para pensar o intrapsíquico e o intersubjetivo simultaneamente. Contudo, um exame mais detido das proposições de Green, que será realizado adiante, será fundamental para concluirmos se essas proposições revelam uma terceira teoria ou se tratam da reorganização de um campo.

Para Green (2005b), o intrapsíquico e o intersubjetivo estão no centro da experiência psicanalítica de hoje, para não dizer de sempre. Ele escreve:

Em vez de se articularem, essas duas dimensões podem tornar-se o objeto de uma luta pela supremacia, em que cada ponto de vista, embora reconhecendo o lugar do outro, tenderá a garantir sua primazia ou mesmo a instaurar sua hegemonia. Veremos também que tais combates se enraízam num nível ideológico que não é logo perceptível (p. 52).

Green vai procurar articular os dois polos privilegiados pela teoria pulsional e pela teoria das relações de objeto – a pulsão e o objeto –, pois o importante não é cada polo, mas o percurso, a oscilação e a dinâmica que os une (Green, 2005b).

Green (2005b) ainda escreve: "sem explicitar as relações mútuas entre objeto e pulsão, temo simplificar muito as coisas. *A construção do objeto leva retroativamente à construção da pulsão que constrói o objeto*. A construção do objeto só se concebe a partir do investimento pela pulsão" (p. 64, grifos do autor), e o melhor exemplo disso pode ser encontrado na experiência clínica. Para Green (2005b), "a análise é o retorno (a si) por meio de desvio através do outro" (p. 65-68), ou seja, na análise a intersubjetividade é a mediação necessária para se chegar ao intrapsíquico, "o intrapsíquico requer desvio pelo intersubjetivo". Green (2005b) afirma ainda:

> *[...] vê-se claramente que a posição sociológica tenta situar-se em sua relação com a teoria psicanalítica do lado da intersubjetividade, minimizando os efeitos da vida pulsional. Inversamente, no outro extremo – penso na psicossomática –, o papel da intersubjetividade é ocultado pela insistência no ponto de vista econômico, o que não dá lugar a outros processos psíquicos [...]. A causalidade psíquica não pode contentar-se com uma teoria das pulsões encerrada num solipsismo inaceitável, assim como também não encontra solução satisfatória numa teoria das relações de objeto que pretenda ignorar a fonte dinâmica pulsional como motor do investimento e do desenvolvimento. Tal causalidade não é nem exclusivamente intrapsíquica, nem exclusivamente intersubjetiva, ela é oriunda da articulação da relação de ambos e necessita recorrer a instâncias mediadoras para fornecer uma imagem mais exata do psiquismo (p. 80).*

Esse caminho proposto por Green para lidar com a oposição histórica entre pulsão e objeto será analisado mais detidamente no final deste capítulo.

Há pouco material escrito no Brasil a respeito das divergências entre as teorias das relações de objeto e a teoria pulsional. Celes (2006) ressalta que o movimento das relações de objeto procurou não tomar a forma de uma ruptura. Apesar das diferenças, o autor resume:

> Como apresentamos, a teoria das relações de objeto fez-se como oposição à teoria da libido justificando-se em todos os aspectos apontados: teve força política no movimento psicanalítico; foi utilizada como questão ao mestre, ao clássico ou ao padrão; ganhou estatuto de novo paradigma; justificou-se como resposta aos novos tempos (designado imprecisamente de contemporâneo), foi vinculada a condições históricas e sociais, que teriam ensejado novas e predominantes demandas de psicanálise, fazendo variar significativamente a experiência psicanalítica, acossando os seus limites, com fim de encurralar, dar-lhes cabo e compreensões definitivas. Desse modo, justificaram-se mudanças essenciais na teoria dos processos psíquicos, utilizando como metáforas modelos que não foram utilizados pelos mestres (p. 9).

Entretanto, o autor enfatiza também a importância de encontrarmos a articulação entre as teorias das relações de objeto e a teoria pulsional, pois acredita, tendo Green como referência, que a teoria da libido suporta as relações de objeto, ou, ainda, que as relações de objeto estão implicadas na teoria da libido.

Figueiredo (2005), num texto introdutório à obra de Green, sugere um clima de maior tolerância diante das divergências que nos encaminha para uma "era pós-escolas":

Há diferenças importantes entre os herdeiros de Freud. Contudo, a era das escolas, em que se disputava palmo a palmo aquela herança e proliferavam acusações de desvio, de traição e de princípios e deslealdade, tende, já há alguns anos, a ser superada. A maioria das Sociedades e Associações Psicanalíticas acolhe o pluralismo, congregando freudianos, kleinianos, bionianos, winnicottianos, kohutianos, lacanianos, "relacionais", intersubjetivistas etc. (resistem a essa tendência apenas alguns agrupamentos lacanianos, embora haja muitos seguidores de Lacan em sociedades pluralistas). É justamente nessa era pós-escolas, marcada por certa tolerância às diferenças, que emerge com insistência a questão da especificidade ou singularidade da psicanálise. Afinal, o que pode haver de "psicanalítico" em desenvolvimentos tão divergentes que apontam para direções tão antagônicas? Se tudo isso é psicanálise, o que a psicanálise é ou pode ser? Muitos analista empreendem, nessas circunstâncias, uma caça aos "invariantes", elementos que seriam comuns, convergentes e essenciais à psicanálise. Green não é indiferente a essa questão (p. 3).

Ainda sobre Green, mais adiante, Figueiredo (2005) comenta:

Ele não pretende lidar com a dispersão recusando a diversidade, o tempo e a história, mas situando-se neles, fazendo-os dialogar, encarnando-os, dando efetividade plena à historicidade da psicanálise. Para tanto, ele efetua a articulação dos diversos paradigmas que organizam o horizonte freudiano de diferenciações (p. 4).

Ainda, diante do percurso realizado neste texto, me parece possível afirmar que, após a teoria das relações de objeto ter sido constituída como uma alternativa à teoria pulsional, estamos vivendo um momento de busca de diálogo entre essas duas teorias. Um esforço que é fruto de uma dupla exigência: a inclusão de novas patologias que na época de Freud eram consideradas inanalisáveis e que nas últimas décadas ainda se configuram como um grande desafio para clínica; e a necessidade de pensar o intrapsíquico simultaneamente com o intersubjetivo, a pulsão em conjunto com o objeto. Esse esforço tem como objetivo a construção de uma metapsicologia dos limites, importante para a clínica de modo geral e não apenas para as patologias-limite. Esse momento tem sido marcado pelas contribuições de alguns psicanalistas, entre os quais Green se destaca.

Nesse sentido, este trabalho pretende se contrapor tanto ao ecletismo extremado, que apaga as diferenças entre as teorias e produz uma miscelânea indiscriminada em nome de uma teoria unificada, colocando em risco a diversidade e quiçá o futuro da psicanálise, como ao dogmatismo da "era das escolas", que isola as teorias e o conhecimento em regiões e guetos, retardando o crescimento da psicanálise e a expansão de seus limites terapêuticos.

Tensões, limites e possibilidades teóricas

Como já mencionado, para Greenberg e Mitchell (1983/1994) há uma oposição evidente entre a teoria pulsional de Freud, que privilegia os conflitos pulsionais, e a teoria de relações de objeto, que eleva o objeto a um estatuto central muitas vezes em detrimento da pulsão. Para justificar essa visão, esses autores resgatam duas ideias fundamentais de Freud: (1) a pulsão está na fronteira entre o somático e o psíquico, e (2) o objeto é o elemento mais variável da pulsão, o que daria ao objeto um lugar secundário na gênese do psiquismo na teoria freudiana. Por outro lado, mesmo não dando muita atenção ao fato, esses autores admitem que não há expressão da pulsão sem objeto, o que a meu ver resgata o lugar do objeto ao lado da pulsão. Além disso, se a pulsão pertence à fronteira do psiquismo, poderíamos afirmar que ela só passa a ser psíquica de fato no encontro com o objeto[3] (seja ele qual for, objeto interno ou externo, parcial ou total), pois nós só conhecemos a pulsão por meio de seus representantes, assim como Freud enfatiza em *Instinto e suas vicissitudes* (1915/1989l). De acordo com o que Freud nos ensinou no *Projeto* (1895/1989a), as marcas mnêmicas – associações de objeto que formarão as representações-coisa – são criadas no encontro da pulsão com o objeto de satisfação. Disso, afirma que a pulsão só se torna psíquica e cognoscível no encontro com o objeto, e que antes disso ela é tão somente um estímulo endógeno e inapreensível em busca de satisfação. Essas são as proximidades entre a pulsão e o objeto que me estimulam a questionar se essas teorias são tão claramente opostas como afirmam esses autores.

Greenberg e Mitchell (1983/1994) fazem referência à teoria de Kuhn sobre o crescimento do conhecimento científico para afirmar que a inclusão das relações de objeto na teoria freudiana, em 1917, se fez por uma estratégia de acomodação que deveria funcionar durante um tempo, a depender da elasticidade do paradigma, até que uma reorganização fosse inevitável. Contudo, o termo "acomodação", consagrado por Piaget, faz referência a um movimento que o organismo realiza para se submeter às "novas" exigências exteriores, adequando-se ao meio. Dessa forma, usando o termo "acomodação", esses autores dão a entender que o objeto seria algo novo na teoria freudiana e que o conceito foi enxertado

---

3 Ideia que pode ser também encontrada em Green (1995a).

a partir de 1917, necessitando ser integrado. Esse não parece ser o caso do objeto, que parece estar presente na teoria freudiana e ligado à constituição do aparelho psíquico desde *A interpretação das afasias* (1891/1977), na versão "representação-objeto", e desde o *Projeto para uma psicologia científica* (1895/1989a), também em suas considerações sobre a importância do outro na constituição do sujeito, que será examinado adiante.

Dessa forma, antes de apresentar as soluções de Green para o impasse entre a teoria pulsional e a teoria das relações de objeto, apresento um exame do objeto em Freud e do instinto em Winnicott.

Acerca do objeto na teoria freudiana e alguns desdobramentos

O objeto, no texto *A interpretação das afasias* (1891/1977), pode tanto ser um objeto externo e real quanto uma ideia abstrata. Pode ser o centauro, como exemplifica Garcia-Roza (1991), ideia abstrata que vai se inscrever no aparelho psíquico (nesse momento concebido como um aparelho de linguagem) a partir de uma experiência. A ideia de um centauro, por exemplo, pode se formar de um conjunto de associações de objeto relacionadas a várias representações de palavra: homem, cavalo, metade, metade-homem--metade-cavalo, entre outras. Contudo, o que será inscrito, ou representado, no aparelho não será o objeto em si, mas sim uma série de associações de objeto articuladas. Isso não significa que não exista uma impressão ou uma inscrição do objeto. O que se recusa é que essa articulação seja unívoca. A representação-objeto será composta por uma espécie de nebulosa de associações de objeto, que vão contribuir para a representação daquele objeto, mas que também estarão relacionadas em rede a outras "associações de objeto" de objetos próximos, participando da formação da representação de outros objetos.

Partindo das ideias de Freud (1891/1977), me parece possível afirmar que as percepções do objeto são impressões que vão formar as associações de objeto e que só formarão a representação-objeto no momento em que essa se ligar a uma representação-palavra; assim, é somente nesse segundo momento que essas impressões adquirem um significado. Desse modo, para Freud (1891/1977), o significado não está no objeto nem nas imagens mnêmicas, está na articulação entre a representação-objeto e a representação-palavra. Além disso, Freud ressalta que, enquanto a representação-palavra é um complexo representativo fechado, a representação-objeto é um complexo aberto formado por múltiplas associações de objeto, em que a representação-palavra se liga à representação-objeto somente pela imagem acústica. Isso permite que as associações de objeto que estejam ligadas a uma representação-palavra se liguem também, simultaneamente, a outras representações-palavra, garantindo um funcionamento em rede.[4]

Nas *Afasias* (1891/1977), encontramos um modelo de como os objetos da percepção se organizam para formar a linguagem e o aparelho psíquico (não se menciona ainda a ideia de pulsão), de forma que esse texto nos permite afirmar que o objeto chega a preceder a pulsão nas preocupações teóricas de Freud. No *Projeto* (1895/1989a), a ideia de um aparelho psíquico constituído a partir da representação das percepções dos objetos é mantida. Contudo, já se considera algo muito próximo da pulsão, denominada nesse momento de "Qη", ou de "estímulos endógenos", que

---

4 Essa imagem de rede será especialmente importante para compreender as interrupções na arborescência generativa das associações que Green descreve por meio da posição fóbica central – conceito que será apresentado no Capítulo 3.

são provocados por necessidades internas do organismo ou pela urgência da vida: *Not des Lebens*, como escreve Freud. Esses estímulos têm importância fundamental para a constituição do aparelho psíquico, serão o seu motor. Segundo Freud (1895/1989a):

> *O que sabemos a respeito dos estímulos* endógenos *se pode expressar no pressuposto de que eles são de natureza intercelular, que se produzem de forma contínua e que só periodicamente se transformam em estímulos psíquicos. A ideia de sua acumulação é inevitável; e o caráter intermitente de seu efeito psíquico exige a ideia de que, em sua via de condução até ψ, eles enfrentam resistências só superadas quando há um aumento da quantidade (p. 428-429, grifo do autor).*

No *Projeto* (1895/1989a), Freud explica como o aparelho psíquico registra os meios de descarga dos estímulos endógenos, afirmando que o próprio aparelho se constitui a partir do acúmulo desses registros. Tal processo forma as vias facilitadas, uma espécie de memória neuronal. Para Freud (1895/1989a):

> *Nenhuma descarga pode produzir resultado aliviante, visto que o estímulo endógeno continua a ser recebido e se restabelece a tensão em ψ. Nesse caso, o estímulo só é passível de ser abolido por meio de uma intervenção que suspenda provisoriamente a descarga de Q no interior do corpo; e uma intervenção dessa ordem requer a alteração no mundo externo (fornecimento de víveres, aproximação do objeto sexual), que, como ação específica, só pode ser promovida de determinadas maneiras [...] A totalidade do evento constitui então a experi-*

ência de satisfação, *que tem as conseqüências mais radicais no desenvolvimento das funções do indivíduo. Isso porque três coisas ocorrem no sistema: (1) efetua--se uma descarga permanente e, assim, elimina-se a urgência que causou desprazer em w; (2) produz-se no pallium a catexização de um (ou de vários) neurônio que corresponde à percepção do objeto; e (3) em outros pontos do pallium chegam as informações sobre a descarga do movimento reflexo liberado que se segue à ação específica. Estabelece-se então uma facilitação entre as catexias e os neurônios nucleares* (p. 431, grifo do autor).

Adiante, Freud (1895/1989a) continua:

[...] assim, como resultado da experiência de satisfação, há uma facilitação entre duas imagens mnêmicas e os neurônios nucleares que ficam catexizados em estado de urgência [...] é provável que a imagem mnêmica do objeto será a primeira a ser afetada pela ativação do desejo (p. 433).

Como esclarece Garcia-Roza (1991), a partir das experiências de satisfação se estabelece uma via facilitada, e, sempre que o estado de tensão se reapresentar, o impulso psíquico irá reinvestir essa via facilitada com o objetivo de reproduzir a satisfação original, reforçando a ligação entre a imagem mnêmica do objeto de satisfação e a satisfação propriamente dita. Esse investimento na imagem mnêmica irá criar uma alucinação, que poderá conduzir o aparelho motor na busca pelo objeto de satisfação. Porém, com frequência a representação-lembrança não coincide inteiramente com a representação-percepção e, quando a relação for apenas de semelhança e não de identidade (de coincidência total), não será seguro iniciar a descarga. Isso irá motivar o processo de pensar, cujo objetivo é o reconhecimento de novos objetos semelhantes o suficiente para que se possa dar a ação específica, pois a alucinação por si só não é capaz de promover descarga ou alívio da tensão. Por outro lado, como bem nos lembra Green (1995a), a alucinação do objeto de satisfação é importante para a conservação dos traços mnêmicos do objeto que constitui as associações de objeto e as representações, ainda que não promova descarga.

Em resumo, o objeto no *Projeto* (1895/1989a) é o objeto da realidade externa que proporciona descarga e cria facilitações, ou a memória em ψ. O objeto se transforma em uma representação-lembrança que, por meio do pensamento e de uma ação específica, vai ser equalizada com uma representação-percepção para que novas descargas ocorram. O objeto alucinado é um índice de satisfação, mas não satisfaz. Os processos de satisfação dos estímulos endógenos (que vão constituir as pulsões) criam o aparelho psíquico e exigem um objeto a princípio externo. Contudo, é importante enfatizar que esse objeto é externo ao psiquismo, mas não necessariamente externo ao sujeito, pois, no autoerotismo, será parte do próprio corpo.

Freud, ainda no texto do *Projeto* (1895/1989a), ao debater sobre a atração de desejo e o recalcamento, afirma:

> *esses dois processos indicam que em* ψ *se formou uma organização cuja presença interfere nas passagens (de quantidade) que, na primeira vez, ocorreram de determinada maneira (isto é, acompanhadas de satisfação ou dor). Essa organização se chama "Ego" [...] o Ego deve, portanto, ser definido como a totalidade das cate-*

xias ψ existentes em determinado momento, nas quais cumpre diferenciar em componente permanente e outro mutável (p. 437, grifo meu).

Ou seja, não apenas já está em consideração a formação de um Ego, mas também que esse Ego se forma a partir das marcas dos objetos nas experiências de satisfação e de dor.

Penso que essas passagens, brevemente recortadas de textos muito densos e bem iniciais da obra freudiana, permitem observar que as primeiras ideias sobre a constituição do psiquismo em Freud já são bastante marcadas pela representação psíquica dos objetos da percepção. Especialmente aqueles responsáveis pelas experiências de descarga (satisfação) ou acúmulo (dor) de estímulos endógenos que se transformam em pulsões no encontro com os objetos. Isso reforça a ideia de que, no que tange à constituição do aparelho psíquico na metapsicologia freudiana já nos textos iniciais, objeto e pulsão estão presentes desde o primeiro instante de sua formação. Ou, ainda, é no instante de encontro entre *a* pulsão e *um* objeto que o aparelho psíquico se produz.

Assim como a segunda tópica, a segunda teoria pulsional, ou, ainda, a segunda teoria da angústia, não invalidam, e sim suplementam suas primeiras versões. Por que teríamos de pensar que a consideração das relações de objeto produz um enxerto da teoria da constituição do psiquismo e não seja simplesmente o resultado de uma ampliação dos interesses de Freud, que alarga pontos da teoria ainda não desenvolvidos como a formação do Ego e do Superego por meio das identificações, por exemplo? Segundo Greenberg e Mitchell (1983/1994) Freud passa a se interessar pelas relações de objeto, pois se interessa mais pelo Ego e por suas relações. Mas por que isso ocorre? Segundo o próprio Freud, em *A história do movimento psicanalítico* (1914a/1989h), ao longo de seus estudos o seu interesse passou do conteúdo reprimido para as forças repressoras, e é nesse contexto que Freud passa a se interessar pelo Ego e por suas relações. Desse modo, ao que tudo indica, quando Freud passou a falar mais do objeto – de 1917 em diante –, ele não estava introduzindo um elemento novo, mas estava apenas olhando mais detidamente um elemento que já se encontrava lá em sua relação com o reprimido e que passa a ser visto por outro ângulo, como para esclarecer pontos relativos à teoria das forças repressoras.

Greenberg e Mitchell (1983/1994) afirmam:

> *A sugestão de que o objeto não está ligado de início à pulsão indicaria que a ausência de objeto é o estado de coisas desenvolvimental original. Freud, no entanto, parece desconfortável com qualquer posição firme sobre a questão de se um estado realmente de ausência de objeto é possível. A sua hipótese de um estado original de auto-erotismo sugere que é. Em sua discussão sobre o chupar-dedos infantil, ele diz que a pulsão "em sua origem [...] não tem ainda qualquer objeto sexual e é assim auto-erótico" (Freud, 1905/1989c) (p. 28).*

A existência de um estado anobjetal é sem dúvida importante para a hipótese desses autores sobre a primazia da pulsão na constituição psíquica em Freud, em detrimento do objeto. Contudo, nos parágrafos anteriores à citação desses autores, Freud (1905/1989c) escreve:

> *Como traço mais destacado dessa prática sexual, salientemos que a pulsão não está dirigida para outra pessoa; satisfaz-se no próprio corpo, é auto-erótica,*

para dizê-lo com a feliz denominação introduzida por Havelock Ellis (1910) [...] A criança não se serve de um objeto externo para sugar, mas prefere uma parte de sua própria pele, porque isso lhe é mais cômodo, porque a torna independente do mundo externo, que ela ainda não consegue dominar, e porque desse modo ela se proporciona como que uma segunda zona erógena, se bem que de nível inferior. A inferioridade dessa segunda região a levará, mais tarde, a buscar em outra pessoa a parte correspondente, os lábios. "Pena eu não poder beijar a mim mesmo", dir-se-ia subjazer a isso (p. 169-170, grifo meu).

Isso nos obriga a considerar que não ter um objeto sexual é diferente de não ter um objeto, o que caracterizaria um estado anobjetal. No autoerotismo o objeto por meio do qual as pulsões parciais se satisfazem é o próprio corpo; se Freud não denomina o corpo, nesse momento, de objeto *sexual* isso é outra questão. Porém, ainda cabe dizer que isso pode ter ocorrido, pois no autoerotismo as pulsões sexuais ainda estão muito coladas nas pulsões de autopreservação e ainda estão constituindo seu objeto próprio.[5]

É importante destacar desde já que este trabalho não pretende negar a ideia de um estado anobjetal, que é de grande importância para a compreensão das questões dos pacientes-limite. Na realidade, pretende propor que esse estado é pré-psíquico e que uma área anobjetal permanece no *self*, fora da organização promovida pelo aparelho psíquico. De certo modo, isso inclui na tópica psíquica o

---

5 Sobre a discussão da ideia de o autoerotismo não poder ser concebido como um estado anobjetal, ver também Brusset (1999).

que está fora dela – "somente fora, também dentro", mantendo o paradoxo dos Bottela (2002), mas invertendo-o.

Greenberg e Mitchell (1983/1994) ainda argumentam, fazendo referência à ideia do apoio, que "uma vez que no modelo pulsional o objeto é uma criação da pulsão, as relações objetais permanecem uma função da pulsão" (p. 30). Então, dizer que o objeto se instala por apoio, como afirma Freud, é o mesmo que dizer que o objeto é uma criação da pulsão? O objeto instalado por apoio parece, assim, muito mais uma criação da experiência de satisfação da necessidade, na qual a pulsão, encontrando satisfação, marca o objeto dessa experiência como "seu objeto". Desse modo, as relações objetais seriam muito mais uma criação das contingências ambientais (ou objetais) das experiências de satisfação primárias do que uma criação da pulsão; ou pelo menos ambas as coisas. A própria ideia de que o objeto é contingente me parece ser a evidência maior de que para Freud as vicissitudes do psiquismo estão subordinadas às possibilidades oferecidas pelo ambiente, o que dá ao objeto externo relevo importante na constituição do psiquismo.

Coelho Junior (2002) afirma que, à medida que Freud avança em suas reflexões, o Ego será compreendido como um precipitado de identificações e a constituição psíquica será concebida como um processo de sucessivas identificações, de onde esse autor aponta que, a partir do conceito de identificação:

> *o sujeito criaria seu objeto, da mesma forma que o objeto criaria o sujeito através de sucessivas relações[...] não há anterioridade entre sujeito e objeto e também não há mais termos fixos, já constituídos. O que há é um processo de mútua constituição. Essas são as exigências reflexivas que as propostas freudianas sobre a*

identificação acabam por nos colocar. Nenhuma dessas ideias está explicitada na obra freudiana (p. 19).

Coelho Junior (2002) sustenta que, com a introdução do conceito de identificação, a relação entre pulsão e objeto na obra de Freud será de suplementariedade. Ele escreve:

> Não penso que haja anterioridade das pulsões com relação aos objetos de identificação, como tampouco me parece possível dizer que os objetos antecedam os movimentos pulsionais. Seria necessário reconhecer em Freud uma lógica não-identitária, uma lógica da suplementariedade para dar a essa concepção sua formulação mais rigorosa (p. 23).

Entretanto, o que se deseja sugerir aqui é que essa suplementariedade já se faz presente no início da obra freudiana, mesmo antes do desenvolvimento do conceito de identificação. Isso se evidencia ao considerarmos que a representação-objeto é o substrato do aparelho psíquico exposto nas *Afasias* (1891/1977) e no *Projeto* (1985/1989a), como já visto, antes ainda de o objeto ser o objeto da pulsão nos *Três ensaios* (1905/1989c). Nesse texto, o mesmo objeto também será amplamente valorizado antes mesmo da sistematização do conceito de pulsão em *Instinto e suas vicissitudes* (1915b/1989l), no qual o objeto será finalmente parte integrante da pulsão. Contudo, não se deve perder de vista que essas ideias, assim como aponta Coelho Junior, estão na maioria das vezes apenas implícitas no texto de Freud, não tendo ele se debruçado sobre elas abertamente.

É importante esclarecer que, de qualquer modo, para o desenvolvimento deste trabalho não é necessário que Freud tenha afirmado a suplementariedade entre pulsão e objeto. Basta que a afirmação realizada aqui acerca da existência de tal suplementariedade não deforme a lógica da teoria freudiana. Ou, ainda, que o alinhavo teórico acrescido por esse exame não descaracterize a coerência do projeto freudiano. Isso não porque sou conservadora ou "fiel ao mestre", mas tão somente porque tenho a intenção de continuar utilizando grande parte de suas costuras para tecer outras questões teóricas e clínicas.

Para a reflexão que se pretende realizar nesse percurso, basta sustentar a ideia de que o objeto é constitutivo do psiquismo para Freud; sustentar que o outro já está em Freud desde o início é um problema diferente. O objeto, como concebemos, pode ser o outro, mas não o será necessariamente; pode ser o seio, o leite, o olhar, o investimento materno, entre outros. A única leitura que se pretende defender aqui é que, na metapsicologia freudiana, um estímulo endógeno em busca de satisfação não constitui por si só o psiquismo. Esse estímulo necessita, no encontro com o objeto, transformar-se em pulsão e inscrever-se como representação para que o psiquismo advenha.

Entretanto, ainda cabe mencionar dois exemplos clássicos de como o outro aparece como constitutivo já no início da obra de Freud, ambos exemplos presentes no *Projeto* (1895/1989a). O primeiro se relaciona com as considerações de Freud sobre o estado de desamparo em que o bebê nasce – o que constitui seu primeiro e maior motivo para o desenvolvimento de nossa moralidade como forma de manter o outro próximo. Freud (1895/1989a) escreve:

O organismo humano é, a princípio, incapaz de promover essa ação específica. Ela se efetua por ajuda alheia, quando a atenção de uma pessoa experiente é voltada para um estado infantil por descarga através da via de alteração interna. Essa via de descarga adquire, assim, a importantíssima função secundária da comunicação, e o desamparo inicial dos seres humanos é a fonte primordial de todos os motivos morais (p. 431, grifos do autor).

O segundo exemplo pode ser encontrado na afirmação:

Suponhamos que o objeto que compõe a percepção se pareça com o sujeito – um outro ser humano. Nesse caso, o interesse teórico [que lhe é dedicado] também se explica pelo fato de que um objeto semelhante foi, ao mesmo tempo, o primeiro objeto hostil, além de sua única força auxiliar. Por esse motivo, é em relação a seus semelhantes que o ser humano aprende a conhecer (p. 447, grifos meus).

Ainda acerca da questão da alteridade na psicanálise, Brelet-Foulard (1999) sugere que tanto as necessidades físicas (a urgência da vida) como a "ação específica" introduzem o outro no psiquismo. Ela escreve:

Ananke, figura de castração, estrutural à existência humana, às vezes interna (as grandes necessidades) e externa (urgência da vida), impõe ao aparelho psíquico uma certa estratégia indissociável da alteridade. Retornemos àquela "ação específica", articulada e concomitante com a experiência de satisfação (p. 139).

A ação específica introduz o outro no psiquismo – e este outro é justamente o objeto desejado –, permite ao pequeno humano voltar a seu próprio agir reflexivo, o re-endereça à satisfação (p. 141).

Também é interessante observar que, no texto *Dois princípios do funcionamento mental* (1911/1989g), Freud introduz funções como o teste de realidade, que permitem o adiamento da descarga até que o objeto esteja de fato presente. Aliás, essa já era uma preocupação de Freud no *Projeto* (1895/1989a), que se utiliza da noção de período para explicar como o aparelho psíquico pode diferenciar o objeto alucinado do objeto percebido, a fim de não realizar a descarga na ausência do objeto externo. A importância disso é pensar que não apenas a realidade é sempre presente em Freud, mas o objeto externo e real também o é, e que esse objeto pode ser ora o outro, ora um traço do outro, ora o próprio corpo – objeto autoerótico.

Segundo Baranger (1994), o texto de Freud permite múltiplos desdobramentos sobre o tema do objeto, de onde alguns de seus seguidores, como Klein, Winnicott e Lacan, desenvolveram certos aspectos indo além de Freud. Porém, esses autores ignoraram outros aspectos, perdendo a riqueza inicial do conceito, sobretudo no ímpeto de construir uma teoria unificada, coerente e bem acabada sobre o objeto. Desse modo, diante de tal alerta, não tenho a intenção de propor que há em Freud, ou na psicanálise, uma teoria unificada do objeto. Contudo, penso ser necessário levantar uma questão sobre as relações entre os diferentes objetos na teoria freudiana, necessidade que está subliminarmente colocada no texto do próprio Baranger (1994), quando afirma:

A conclusão é iludível: o status metapsicológico do objeto descrito por Freud em Luto e Melancolia *e por M. Klein em seus artigos correspondentes não é o de uma representação, mas sim um status semelhante ao das instâncias psíquicas (ego e superego), um status de quase-pessoa... o trabalho de luto é a paulatina transformação de um objeto morto-vivo em uma representação, em um conjunto de lembranças como as demais. O objeto não é o mesmo quando falamos objeto da pulsão e quando falamos de objeto de luto... então, neste momento se coloca um problema: como pode um trabalho sobre representações conseguir modificar algo que em si não é uma representação (p. 285-286).*

Baranger continua seu pensamento falando dos tipos possíveis de modificação de objeto, enfatizando como as teorias pós-freudianas não dão conta, cada uma isoladamente, de explicar os modelos de modificação que podem envolver os objetos. Contudo, o que é o mais fundamental em sua pergunta – "como pode um trabalho *sobre representações* conseguir modificar algo que *em si não é uma representação*" (grifos meus) – é o que Baranger não desdobra. Qual seria então a relação entre o objeto enquanto representação e esse objeto quase-pessoa ou instância psíquica? Pois se o trabalho com o último transforma o primeiro, alguma relação entre eles existe necessariamente.

Apesar de Freud não dar um tratamento unificado às suas concepções de objeto, pode haver entre elas relações muito precisas – precisas nos dois sentidos –, pois clinicamente penso ser muito frutífera a ideia de que, interferindo num nível, estamos interferindo no outro, ou que falhando num nível falhamos no outro, que constituindo um objeto psíquico estaremos constituindo outros.

Ou seja, de que interno e externo, intrapsíquico e intersubjetivo estão irrevogavelmente atados. Essa concepção é fundamental para ampliar a compreensão das patologias-limite, pois, como será visto adiante, são as falhas e ausências, ou ainda o excesso de presença dos objetos externos, que tornam inconsistentes os limites e os espaços do psiquismo. Todo psiquismo se constitui apoiado sobre uma primeira diferenciação entre interno e externo, em que o objeto ganha seu relevo.

A ideia de que os diferentes objetos psíquicos e os objetos externos têm íntima relação também é de grande importância para Green. Parece ser com base numa visão como essa que esse autor consegue articular o modelo exposto no *Projeto*, de Freud (1895/1989a), com a primeira e a segunda tópicas, apresentando essa articulação num mesmo esquema gráfico em que busca demonstrar o trânsito dos objetos entre esses espaços. Green inspira, desse modo, a afirmação de que a conexão dos diferentes objetos da metapsicologia freudiana é fundamental para a articulação entre as diferentes partes da própria metapsicologia. Nesse sentido, acredita ser necessário articular o modelo de aparelho psíquico, apresentado nas *Afasias* (1891/1977) e no *Projeto* (1895/1989a), com a primeira e a segunda tópicas; e ainda, quiçá, desenvolver uma terceira tópica (Brusset, 2006), ou ao menos a ideia de processos terciários (Green, 2002). Esses últimos serão discutidos no Capítulo 2 a fim de a ampliar nossa compreensão acerca da metapsicologia dos limites.

Retomando a ideia freudiana de que tanto a pulsão como o objeto somente passam a fazer parte do psiquismo quando são representados por meio de uma experiência de satisfação (descarga) ou de dor (acúmulo), pretendo sustentar a imagem de que essas representações formam diferentes tipos de constelações. Nessas, os objetos representados podem assumir diferentes funções, como objeto da pulsão e objeto de identificação; ou como células do corpo, que são potencialmente idênticas, porém a depender da sua localização (tópica) desempenham esta ou aquela função. Para essa ideia encontro companhia em Green (1990), que afirma que os objetos só podem ser pensados em relação ao espaço que ocupam.

Porém, é verdade que a partir da segunda tópica, quando as pulsões encontram no Id seu principal reservatório, podemos afirmar que as pulsões, independentemente de qualquer objeto, estão incluídas no aparelho psíquico. Isso contradiz a ideia de que o objeto precisa da pulsão para entrar no psiquismo, assim como a ideia de que a pulsão não representada por meio de um objeto também não faz parte do psiquismo – sendo tão somente um estímulo endógeno em busca de satisfação. Porém, se a pulsão é um conceito que está na fronteira entre o somático e o psíquico, por que não pensar o Id como fronteira do psiquismo, que não está nem dentro nem fora do aparelho psíquico?

Penso que essa noção poderia corroborar a afirmação de que a instauração do psiquismo depende do encontro da pulsão com o objeto, sem desprezar a lógica das ideias freudianas, ainda que ouse propor um ajuste em sua teoria e uma reordenação na sua organização tópica. Aceitando compreender o Id como fronteira entre o psíquico e o não psíquico, podemos então reservar a denominação de *self*[6] para aquilo que engloba todo o sujeito, sendo o

---

6 Como Green (1975/1988b, 2002) bem destaca, o *self* é um dos produtos mais recentes e mais diversos da psicanálise contemporânea. De acordo com Meissner (1986), entre outros (Blum, 1982; Ticho, 1982; Havens, 1986), Freud usava o termo *self* de modo ambíguo, ora para denominar a pessoa, ora para denominar uma instância psíquica. Apenas com Hartmann, em 1950, fez-se uma distinção mais clara entre Ego, relativo à instância, e *self* relativo à pessoa incluindo o corpo. A partir daí surgiram inúmeras variações da compreensão de *self*. Jacobson pensava o *self* como de natureza exclusivamente intrapsíquica, representacional e não estrutural, o que significa que o *self* não exercita funções. Já para Kernberg, o *self* seria uma subestrutura do Ego, respeitando os

psiquismo apenas uma parte organizada do *self* com vistas a metabolizar os estímulos pulsionais que provêm do corpo. No encontro do objeto de satisfação, esses estímulos criaram os primeiros traços ou associações de objeto no Id, restando no *self* espaço para o não representado que não se reduz ao corpo.

Ainda cabe considerar que a pulsão de morte é postulada por muitos psicanalistas como pulsão sem objeto, como uma pulsão que faria presença no aparelho psíquico quando fusionada com a pulsão de vida da qual empresta seus objetos, expressando-se como agressividade. Outros autores enfatizam o caráter silencioso da pulsão de morte atuando na desarticulação do aparelho psíquico. Green (1986) propõe a pulsão de morte como tendência à

---

aspectos representacionais do *self* ligados à personalidade, mas imaginando que o *self* tem funções no psiquismo e que realiza ações psíquicas. Erikson compreende o *self* próximo de seu conceito de identidade. Kohut merece especial atenção, pois coloca o *self* como centro de sua teoria, o compreende como sinônimo do aparato mental – Id, Ego e Superego – e se dedica a examinar a gênese e o desenvolvimento do *self*. Neste trabalho, compreendo o *self* na acepção mais próxima de Klein (1959), que, ao diferenciar Ego de *self*, define: "O Ego, em acordo com Freud, é a parte organizada do *self*, constantemente influenciada por impulsos instintivos, porém mantendo-os sob controle pela repressão. Além disso, o ego dirige todas as atividades e estabelece e mantém a relação com o mundo externo. O termo *self* é utilizado para abranger toda a personalidade, o que inclui não apenas o ego, mas também a vida pulsional, que Freud nomeou de *Id*" (p. 283); ainda que discorde de Klein quando esta afirma que o Ego existe e opera desde o nascimento. Não faço, porém, nenhuma articulação entre a concepção de *self* proposta neste trabalho e os conceitos de verdadeiro e falso *self* de Winnicott. O termo *self* é usado, desse modo, tão somente para indicar uma localização tópica; o *self* é tomado aqui como a pessoa, excluindo o corpo biológico, e o aparelho psíquico (primeira e segunda tópica freudiana) é compreendido como a parte organizada do *self* com vistas a dar destino às excitações proveniente do corpo e do mundo externo. Esse uso do termo *self* se justifica pela necessidade de dar lugar ao que não é nem biológico, nem propriamente psíquico, como a dimensão das marcas mnêmicas irrepresentáveis, ou irrepresentadas. Espero que esse uso se esclareça e se justifique ainda mais no decorrer do Capítulo 2.

desintegração do aparelho ou das cadeias representativas, como propõe a partir da concepção de uma função desobjetalizante desenvolvida a partir das ideias de Freud apresentadas em *Além do princípio do prazer* (1920/1989p) e retomadas no *Esboço de psicanálise* (1938/1989x). Isso é concebido por meio da proposição da existência de uma tendência construtiva e assimilatória da pulsão de vida e de uma tendência destrutiva e dissimilatória da pulsão de morte, assuntos que serão retomados adiante. De qualquer modo, já fica apontado aqui o lugar nodal entre o psíquico e o não psíquico que a pulsão de morte ocupa.

De acordo com a sugestão apresentada anteriormente (de que o Id poderia ser uma zona de fronteira entre o psíquico e o não psíquico e que o aparelho psíquico poderia ser concebido como a parte organizada do *self*), diria, na esteira de Freud, que a pulsão de morte só se torna psíquica quando fusionada com a pulsão de vida. Acrescentaria, ainda, que, quando isso não ocorre, ela ocupa um lugar no *self* que é fora-do-psíquico, tendo um efeito desagregador sobre o psiquismo. Sigo aqui a ideia de Green sobre a desobjetalização (conceito que será abordado adiante), com todos os efeitos traumáticos que observamos nos pacientes-limite.

Com esse exame, espero ter posto em questão a "oposição evidente" entre a teoria pulsional de Freud e as teorias das relações de objeto defendidas por Greenberg e Mitchell (1983/1994). Isso considerando que no texto freudiano o objeto está presente como parte constitutiva do psiquismo desde o início da sua teoria, o que constitui ali uma abertura para a sua articulação com a teoria das relações de objeto, sem que essa articulação se constitua numa deformação do conjunto das ideias de Freud. Aponto ainda que, antes de uma relação de anterioridade, há uma suplementariedade entre a pulsão e o objeto, ideia da qual, aliás, parte Green para seus desenvolvimentos, como será apresentado adiante.

Contudo, para de fato questionar a "oposição evidente" entre as duas teorias em questão e para prosseguir no exame das possibilidades de articulação entre elas, é também necessário examinar o estatuto da pulsão/instinto na teoria das relações de objeto, o que será realizado a seguir por meio da visão de Winnicott. A escolha desse autor, como já foi explicitado, tem relação com suas contribuições para a clínica-limite, que serão examinadas posteriormente.

Acerca da presença do instinto[7] na teoria winnicottiana

Segundo o próprio Winnicott (1960/1983b), suas ideias se baseiam tanto na observação de bebês como no estudo da transferência com pacientes psicóticos e *borderlines*. O autor relaciona essas patologias a uma distorção no processo de maturação no tempo na dependência absoluta do bebê em relação a sua mãe, numa fase em que há uma indiferenciação entre Eu/não Eu. Se Freud desenvolveu suas ideias sobre a sexualidade estudando neuróticos, foi possível para Winnicott reconstruir a dinâmica da dependência infantil e do cuidado materno que satisfaz essa dependência estudando *borderlines*, o que veio a constituir uma teoria própria do desenvolvimento emocional. Uma das diferenças mais marcantes da teoria de Winnicott em relação à de Freud é o lugar reservado ao conceito de instinto no desenvolvimento do sujeito. Fazendo um balanço de

---

7 Embora prefira a tradução de pulsão para *Trieb* pela perda da acepção naturalista que o termo "instinto" conserva, não a utilizarei aqui, respeitando a tradução dos textos de referência e a própria concepção biológica que Winnicott atribui ao termo quando escreve: "o instinto é o termo pelo qual se denominam poderosas forças biológicas que vêm e voltam na vida do bebê ou da criança, e que exigem ação" (1971/1975, p. 57). Isso sem perder de vista que talvez essa diferença entre pulsão em Freud e instinto em Winnicott já aponte para limites na articulação da teoria desses autores.

textos relevantes de sua obra, a impressão que se pode ter é a de que Winnicott não nega a existência nem despreza a importância dos instintos para o desenvolvimento emocional. Contudo, o autor propõe a existência de uma fase anterior e em seguida de um nível concomitante, no qual os instintos são fundamentais. Winnicott relaciona essa fase anterior ao que denomina "necessidades do Ego", e que não possuem relação com as necessidades instintivas. Entretanto, antes de concluir dessa forma, é apropriado examinar de perto seus escritos.

Em *Natureza humana* (1971/1990), obra publicada postumamente e escrita entre 1954 e 1971, Winnicott diz:

> *Freud fez por nós toda a parte desagradável do trabalho, apontando para a realidade e a força do inconsciente, chegando à dor, à angústia e ao conflito que invariavelmente se encontram na raiz da formação de sintomas, anunciando publicamente, de forma arrogante se necessário,* a importância dos instintos e o caráter significativo da sexualidade infantil. Qualquer teoria que negue ou ignore essas questões é inútil *(p. 54, grifos meus).*

Afirmação que me estimula a me deter no estudo desse tema, que, como comenta Dias (1994), "é uma das contribuições de Winnicott mais provocantes e difíceis de serem assimiladas" (p. 54).

Em *Desenvolvimento emocional primitivo,* num dos primeiros textos em que Winnicott (1945/2000a) esboça sua contribuição original à psicanálise, ele menciona as experiências instintivas como fundantes da integração do Ego (construção do espaço e tempo) e da personalização (psique habitando um corpo) do indivíduo. Winnicott escreve:

> A tendência a integrar-se é ajudada por dois conjuntos de experiência: a técnica pela qual mantém a criança aquecida, segura-a e dá-lhe banho, balança-a e chama pelo nome, e também as agudas experiências instintivas que tendem a aglutinar a personalidade a partir de dentro [...] Igualmente importante, além da integração, é o desenvolvimento do sentimento de estar dentro do próprio corpo. Novamente, é através da experiência instintiva e da repetida e a silenciosa experiência de estar sendo cuidado fisicamente que constroem, gradualmente, o que poderíamos chamar de personalização satisfatória (p. 224-225, grifo meu).

Contudo, nesse trecho também já podemos ver se esboçar a noção de "necessidades do Ego" quando Winnicott afirma que ao lado dos instintos há o cuidado da mãe (mantém a criança aquecida, segura-a e dá-lhe banho, balança-a e a chama pelo nome) como um conjunto de experiências *também* fundantes da integração. O que me remete à ideia de que Winnicott não vai negar a existência ou a importância dos instintos, mas sim vai começar a estabelecer um outro nível de desenvolvimento, como podemos observar em alguns de seus textos seguintes.

Em *A mente e sua relação com o psicossoma*, de 1949 (2000c), Winnicott coloca a satisfação das necessidades instintivas ao lado das necessidades do Ego quando escreve:

> A mãe devotada comum é suficientemente boa. Se ela é suficientemente boa, o bebê virá a dar conta de suas falhas através da atividade mental. Isso se aplica não só à satisfação dos impulsos instintivos, mas igualmente a todos os tipos de necessidades primitivas do

ego, incluindo até mesmo a necessidade de um cuidado negativo, ou de uma negligência ativa (p. 335, grifos do autor).

Já em outros momentos, Winnicott (1960a/1983b) deixa claro que esse nível que se torna concomitante é, no início, uma fase anterior. Ele afirma: "isso [o *holding*, a provisão ambiental] se superpõe, mas na verdade *se inicia antes das experiências instintivas* que com o tempo determinaram as relações objetais" (p. 44, grifos meus). Mais adiante, no mesmo texto, Winnicott (1960a/1983b) retoma uma afirmação de Freud sobre a alucinação do objeto de satisfação e comenta que:

> *Por essas palavras já se faz referência às relações objetais, e a validade dessa parte das afirmações de Freud depende de ter como certos aspectos mais precoces do cuidado materno, aqueles que foram aqui descritos como fazendo parte dessa fase de* holding. *Por outro lado,* esta afirmação de Freud descreve exatamente as necessidades da fase seguinte, *que é caracterizada por um relacionamento entre o lactente e a mãe, em que as relações objetais e as satisfações instintivas ou das zonas eróticas têm lugar; isto é, quando o desenvolvimento avança normalmente (p. 47, grifos meus).*

Também é possível encontrar evidência de que, para Winnicott, essa fase, que é anterior, está ligada ao desenvolvimento das necessidades do ego:

> *Deve-se ressaltar que, ao me referir ao início das relações objetais,* não estou me referindo a satisfações ou

frustrações do Id. Refiro-me às pré-condições, *tanto internas como externas ao bebê*, que proporcionaram uma experiência do Ego de uma amamentação satisfatória (ou uma reação à frustração) *(1962/1983d, p. 61, grifos meus).*

Mas, "apesar do melhor cuidado do mundo, a criança ainda está sujeita aos distúrbios associados com os conflitos originados da vida instintiva" (1962/1983e, p. 65). Contudo, enfatiza que a provisão ambiental proporcionada pela mãe identificada com o seu bebê está além da satisfação de instintos; está, sobretudo, relacionada com as necessidades do Ego (1962/1983e).

Mas essa fase, que é anterior pois é precondição, atinge ao longo do desenvolvimento um nível concomitante, constituindo-se como uma fase que não se conclui – daí denominá-la "nível". Para Winnicott,

> *[...] em um aspecto, há a experiência global e fantasias de relações objetais baseadas no instinto, sendo o objeto usado sem consideração com as consequências, impiedosamente[...]* E, concomitantemente, há um relacionamento mais ameno do bebê com a mãe-ambiente. *Esses dois fatos ocorrem juntos[...] os impulsos instintivos levam ao uso impiedoso dos objetos, e daí a um sentimento de culpa que é retido e mitigado pela contribuição à mãe-ambiente que o lactente pode fazer no decurso de algumas horas. Além disso, a oportunidade para se doar e fazer a reparação que a mãe ambiente oferece por sua presença consistente capacita o bebê a se tornar cada vez mais audaz ao experimentar*

seus impulsos instintivos; ou, dito de outro modo, libera a vida instintiva do mesmo (1983g, p. 73, grifos meus).

Winnicott comenta, em *Da dependência à independência no desenvolvimento do indivíduo* (1963/1983h), que, se fosse falar desse assunto trinta anos antes, provavelmente falaria da progressão em termos da vida instintiva:

Tudo isso está bem. É tão verdadeiro agora como era então, e nos iniciou em nosso pensamento e na estrutura da teoria pela qual nos orientamos. Está portanto em nossos ossos, por assim dizer[...] se escolhi examinar crescimento em termos de dependência, mudando gradualmente no sentido da independência, se concordará, espero, que isso não invalida de modo algum a conceituação que possa ser feita sobre o crescimento em termos de zonas eróticas ou relações objetais[8] *(p. 79, grifo meu).*

---

8 É interessante observar nessa passagem, bem como em outras, que Winnicott coloca as relações objetais ao lado das zonas eróticas, ou seja, ao lado da vida instintual. Isso como se não considerasse sua própria teoria, da dependência à independência, como parte das relações objetais, como é considerado atualmente. Penso que isso se deva ao fato de ele próprio considerar Klein como a representante ímpar das relações objetais, embora nessa autora as relações de objeto estejam completamente atreladas aos movimentos das quantidades inatas de instinto de vida e de morte. Tal fato talvez faça Winnicott pensar que sua teoria se diferencia da dela, e me faz pensar que podemos, na realidade, compreender Klein como representante da teoria pulsional que evidencia os objetos e Winnicott como representante da teoria das relações objetais, pois pensa o desenvolvimento emocional constituindo-se a partir das relações, a despeito do que acontece no nível instintual.

Essa afirmação corrobora a ideia de existência de dois níveis: um nível de desenvolvimento das relações de dependência à independência, articulado à maturação emocional, no qual os objetos subjetivos objetivamente percebidos e transicionais terão grande importância; e outro nível das relações pulsionais, autoeróticas e objetais, no qual serão os objetos de satisfação, de identificação e de amor que terão grande importância.[9]

Ao mesmo tempo que Winnicott relaciona a maturação com o instinto – "O termo 'processo de maturação' se refere à evolução do Ego e do *self*. Inclui a história completa do Id, dos instintos e suas vicissitudes, e das defesas do Ego relativas ao instinto" (1963/1983h, p. 81) –, ele deixa claro que os instintos só adquirem importância após a organização de um Ego que possa vivê-los: "É somente sob condições de adequação do Ego que os impulsos do Id, quer sejam satisfeitos ou frustrados, se tornam experiências do indivíduo" (1963/1983i, p. 217).

Em *Natureza humana* (1971/1990), Winnicott menciona na introdução "a ordem das coisas" no desenvolvimento, afirmando que primeiro se apresentam os cuidados físicos e a adaptação às necessidades e, então pode ocorrer "a aceitação das funções e dos instintos e seus clímaxes [sic]" (1971/1990, p. 26), mantendo a ideia de que a relevância do instinto pertence a um segundo tempo do desenvolvimento. Para Winnicott, "o instinto é o termo pelo qual se denominam poderosas forças biológicas que vêm e voltam na vida do bebê ou da criança, e que exigem ação" (1971/1990, p. 57). O bebê, ainda na fase de lactação, torna-se uma unidade e é capaz de sentir um *self*, de diferenciar dentro e fora, Eu e não Eu, Eu e

---

9 Essa ideia da existência de dois níveis é muito importante, pois indica um limite nas aproximações que podemos fazer entre Winnicott e Freud. Retornarei a esse ponto adiante.

objetos; o termo relacionamento passa a fazer sentido. Winnicott (1971/1975) escreve:

> Surge a ideia de uma membrana limitadora, e daí segue-se a ideia de um interior e um exterior. Em seguida desenvolve-se a ideia de um Eu e de um não-Eu. Existem agora conteúdos do Eu que dependem em parte das experiências instintivas (p. 88, grifo nosso).

Winnicott indica nessa passagem a ideia de que os instintos devem estar presentes no bebê desde o início. Contudo, o instinto depende da formação do Eu para fazer sentido como experiência, e a formação do Eu para Winnicott segue outro caminho que não o apontado por Freud no processo de identificação que implica a perda do objeto de satisfação. Para Winnicott, a formação do Eu está ligada ao sentimento de continuidade proporcionado por uma passagem gradual da ilusão de onipotência para a desilusão. Winnicott afirma (1971/1990):

> O princípio básico é o de que a adaptação ativa às necessidades mais simples (o instinto ainda não tomou posse de seu lugar central) permite ao indivíduo SER sem ter que tomar conhecimento do ambiente. Além disso, as falhas na adaptação interrompem a continuidade do ser, acarretando reações à intrusão ambiental e um estado de coisas que não pode ser produtivo. O narcisismo primário, ou o estado anterior à aceitação de que existe um ambiente, é o único estado a partir do qual o ambiente pode ser criado (p. 151, grifos meus).

Em *O brincar e a realidade* (1971/1975), Winnicott reafirma essas ideias:

> *Nossos pacientes psicóticos nos forçam a conceder atenção a essa espécie de problema básico. Percebemos agora que não é a satisfação instintual que faz um bebê começar a ser, sentir que a vida é real, achar a vida digna de ser vivida[...] É o Eu (self) que tem que preceder o uso do instinto pelo Eu (self) (p. 137).*

Para Winnicott (1971/1975), a literatura psicanalítica explica a maior parte das relações objetais por meio da satisfação ou frustração de um instinto, porém, para ele, isso não explica tudo:

> *Num dos extremos, a relação de objeto dispõe de apoio instintual, e o conceito de relação de objeto abrange aqui toda a gama ampliada que é permitida pelo uso do deslocamento e do simbolismo. No outro extremo está a condição cuja existência é presumível no começo da vida do indivíduo, na qual o objeto ainda não está separado[...] Do ponto de vista do observador, pode parecer que exista relação de objeto no estado de fusão primário, mas é preciso lembrar que, de início, o objeto é um "objeto subjetivo". Empreguei o termo "objeto subjetivo" para permitir uma divergência entre o que é observado e o que é experimentado pelo bebê (p. 176-177).*

Desse modo, a partir dos trechos destacados acima, parece possível afirmar que Winnicott não ignora a importância do instinto no desenvolvimento emocional. Contudo, ele procura estudar um momento tão precoce do desenvolvimento emocional que, para ele, a questão do instinto não se coloca, pois ainda não há Ego que dê sentido a ela. Paradoxalmente, o momento que Winnicott deseja estudar, no qual não há Ego, é caracterizado pela necessidade egoica de se integrar.

Entretanto, uma questão que se coloca é: por que para Winnicott é tão importante eliminar a importância dos instintos nessa fase tão precoce? Poderíamos pensar que isso ocorre porque Winnicott está estudando a constituição do *self*, as possibilidades do ser e a criatividade primária, que se dariam por eventos diferentes das satisfações pulsionais, e, assim, essas seriam simplesmente deixadas de lado. Loparic (2006) procura explicar o contexto do desenvolvimento das ideias de Winnicott, lembrando que esse autor começa a pensar as questões relativas à dependência e ao ambiente quando o modelo edípico e pulsional não se mostrava efetivo na explicação das tendências antissociais e das psicoses. Era necessário mudar a etiologia dessas patologias, e Winnicott passa a construir a ideia de que elas são causadas por falhas ambientais na fase de dependência. Contudo, a meu ver, ao tentar substituir o modelo pulsional de Freud (e de Klein) pela ênfase no ambiente, Winnicott perde a oportunidade de articular suas ideias bastante inovadoras para a época à teoria freudiana. O modelo freudiano parecia ser de fato insuficiente, porém, o que se pretende apontar é que, na tentativa de enfatizar o ambiente e a relação mãe-bebê como mais fundamentais para o desenvolvimento, Winnicott perde ricas possibilidades de relacionar a importância desse ambiente com a importância das vicissitudes pulsionais. Essa articulação é a base deste trabalho, que será desenvolvido ao longo de todo o texto em companhia de André Green (e outros, eventualmente) para a compreensão das patologias-limite.

Não há muitos trabalhos que examinem a questão do instinto para Winnicott. Parece haver certo consenso de que, ao enfatizar o ambiente como fundamental para gênese do desenvolvimento emocional, Winnicott dá ao instinto um lugar secundário não apenas na teoria, mas no desenvolvimento dos indivíduos. É o que destacam Coloma Andrews (1994), Painceira Plot (1997) e Reid (2002).

Sobre a pulsão de morte, as ideias de Winnicott são ainda mais raras. Winnicott chega a afirmar que o conceito de pulsão de morte deve desaparecer da teoria e escreve: "o conceito de instinto de morte parece desaparecer simplesmente por não ser necessário. A agressão é vista como evidência de vida" (1959-1964/1983a, p. 117). Há nessa afirmação uma tendência, que se repete em outros momentos de sua obra, de substituir a pulsão de morte pela agressividade, aproximada da motilidade do bebê e considerada como essencial não só para a vida, mas também para a relação com a realidade. Isso porque é da agressividade que depende a transformação do objeto subjetivo em objeto objetivamente percebido. É nesse sentido que Clare Winnicott (1990) aponta que a pulsão destrutiva cria a condição de exterioridade. Contudo, a dimensão de desligamento da pulsão de morte é deixada de lado.

Ainda sobre a ideia de instinto, é importante destacar que, em um texto do final de sua obra, *O uso de um objeto no contexto de Moisés e o monoteísmo* (1969/1989), Winnicott se declara monista ao afirmar que a ideia de fusão pulsional só faz sentido posteriormente, pois no início *só há uma pulsão*:

> o ponto crucial da minha argumentação é que a primeira pulsão[10] é, ela própria, uma só coisa, algo que chamo de destruição, mas que poderia ser chamada de

---

10 Usa-se o termo pulsão em respeito à tradução desse texto para o português. Porém, não se imagina que aqui Winnicott quisesse significar algo diferente do que vem denominando "instinto".

pulsão combinada amor-conflito. Esta é a unidade primária. É isso o que surge no bebê pelo processo maturacional natural. O destino dessa unidade de pulsão não pode ser enunciado sem referência ao meio ambiente. A pulsão é potencialmente destrutiva, mas ser ela destrutiva ou não depende do objeto [...] (p. 190).

Aqui fica evidente a tentativa de Winnicott de subordinar a pulsão ao ambiente e às experiências proporcionadas por este.

Com esse exame, espero ter demonstrado que o instinto está presente como parte constitutiva do *self* em momentos posteriores à integração do Ego, o que constitui uma abertura na teoria de Winnicott para uma articulação com a teoria freudiana, sem que essa articulação se constitua necessariamente numa deformação do conjunto das ideias de Winnicott. Contudo, essa articulação encontra certos limites, pois, ao que tudo indica, Freud e Winnicott estão se referindo a dois níveis diferentes de apreensão do *self*: o aparelho psíquico e o desenvolvimento emocional. Entretanto, antes de discutir os limites do diálogo entre Freud e Winnicott considero importante apresentar algumas ideias de Green que partem da proposição de que a pulsão e o objeto formam um par inseparável. Como foi mencionado anteriormente, Green não se detém em discutir os limites do diálogo na medida em que esses se tornam menos importantes quando é possível sustentar a ideia de "par inseparável". Veremos por onde caminha Green.

As "soluções" de André Green

Green (1995b) observa que a clínica de hoje é mais ampla que a de Freud, o que nos levou a modificações que partem de origens diversas. Entre elas, esse autor destaca a experiência clínica com crianças e adolescentes e o interesse por estruturas não neuróticas e pela metapsicologia dos limites que resultaram em modificações no enquadre. Entretanto, para Green, o próprio modelo freudiano já havia mudado em direção a um maior interesse pelos estados--limite sem que Freud tivesse consciência disso. Green localiza a primeira marca dessa mudança em 1914, quando em *Repetir, recordar e elaborar* Freud (1989j) começa a dar atenção ao ato e a refletir sobre os limites da capacidade de representação. Green observa as modificações no modelo freudiano em 1920 por meio da necessidade de desenvolver a ideia da compulsão à repetição e da ruptura com o modelo exclusivamente representacional, baseado na interpretação dos sonhos. Depois, seguem os desenvolvimentos de Freud em relação ao Eu e os processo e mecanismos de fragmentação e ruptura do Eu: a recusa e a clivagem. Contudo, Freud negligenciou a questão dos limites do Eu com o objeto, e é aí que Green (1999a) localiza uma necessidade de desenvolvimento teórico que pode contribuir para a metapsicologia dos limites.[11]

Para Green (1995a), a afirmação de que Freud negava o papel do objeto contém certo tom de exagero, tendo em vista que ele dava importância às vivências da infância e ancorava o psiquismo no corpo, que, biologicamente prematuro, depende dos pais, objetos primários. Sobre o papel do objeto em Freud, Green (1995a) afirma:

> Ora, o que há de notável na posição freudiana é que o projeto metapsicológico vai se fixar sobre as funções nas quais a realização, a um grau ou outro, fará intervir o objeto. Isso, em resumo, quer dizer que o objeto

---

11 Remeto o leitor interessado nas contribuições de Freud ao texto *Os pacientes borderline e o legado de Freud*, escrito por Luis Cláudio Figueiredo (2016).

tem, para a vida psíquica, um papel equivalente ao papel que tem o oxigênio ou os componentes da nutrição para a vida biológica. Por outro lado, o objeto agirá no sentido da organização ou da desorganização da vida psíquica em função de propriedades inerentes a ele. Para Freud, a última palavra permanecerá sempre a essa força pro-pulsiva, que pulsa, aconteça o que acontecer, para investir em novos objetos (p. 25).

Dessa forma, Green reconhece que a fidelidade de Freud ao conceito de pulsão, observada por meio do enraizamento corporal, é a responsável pelas críticas que recebe por seu solipsismo e por certa negligência ao papel do objeto na constituição do psiquismo.

De acordo com Green (1990, 1999a), Freud teria negligenciado o papel do objeto em função de seu desejo de ser científico, do mesmo modo como tentou negligenciar a transferência; ele queria garantir uma teoria geral que fosse independente das circunstâncias e de objetos específicos. Green acredita que o objeto adquiriu importância na busca por soluções terapêuticas iniciadas por Ferenczi e Abraham. Porém, somente depois da morte de Freud é que o lugar do objeto realmente cresceu na teoria, sempre muito estreitamente ligado à análise das estruturas não neuróticas que obrigaram os analistas a elaborar o papel do objeto na etiologia dos quadros psicopatológicos, tornando-o o conceito mais múltiplo da psicanálise (Green, 1995a).

Segundo Green, é importante destacar que os objetos serão sempre definidos em relação aos outros elementos da teoria (1995a). Além disso, ele observa que a definição de um objeto deve estar ligada à topografia, ou seja, ao espaço psíquico em que ele está situado (Green, 1990). Esse autor enfatiza que o objeto que mais ganhou espaço na teoria foi, sem dúvida, o objeto externo.

Contudo, para ele, sublinhar a dupla vinculação do objeto, interior e exterior é relembrar uma "evidência negligenciada". Ele escreve:

> Mas nós sabemos que não é sem inconvenientes para o aparelho psíquico que a satisfação não depende apenas de objetos autoeróticos ou narcísicos. De tal modo que, no fim das contas, a importância do objeto externo em sua relação com o objeto interno tem um valor determinante (Green, 1995a, p. 237, grifo meu).

Para Green, a teoria das relações de objeto foi a primeira a se opor à formulação freudiana, depois seguiram a psicologia do Ego, a teoria do significante e do *self*. Todas essas atacam o postulado fundamental de Freud, segundo o qual a pulsão está na origem da vida psíquica. Entretanto, esse autor considera a teoria das relações de objeto a mais importante no que tange à consideração das estruturas não neuróticas por suas contribuições para a clínica. Por outro lado, para Green, a teoria das relações de objeto mostra seus limites quando apartada da teoria pulsional. Ele nos lembra que Freud garantia o dinamismo da vida psíquica por meio da oposição de forças pulsionais e do conflito, e que "a teoria das relações de objeto, ao deslocar o acento para o objeto, enfraquece essa disposição conflitual fundamental" (Green, 1995a, p. 23), o que justifica, para esse autor, um retorno ao polo pulsional e uma articulação desse com a teoria das relações de objeto.

Outra justificativa que faz Green investir na articulação entre a teoria pulsional e a teoria das relações de objeto está em sua constatação de que, influenciados pelo kleinismo, alguns analistas trocaram a teoria freudiana das representações e do afeto por um conceito mais global de relação de objeto. Essa perspectiva, por mais enriquecedora que tenha sido, mostra seus limites quando despreza a rica complexidade caracterizada pela representação, com todos os corolários de dupla representação que Green descreveu: dupla representância da representação de coisa, que ao nível consciente se relaciona à representação de palavra e ao nível inconsciente se relaciona ao afeto. Para Green (1995a), a pulsão é o embrião do psiquismo que se forma a partir de uma rede complexa de representações de coisas e de palavras atadas por representantes psíquicos por meio da vivência de experiências com os objetos. Esse conjunto de elementos não pode ser separado e nem reduzido ao termo "relações de objeto".

Por outro lado, Green (1995a) escreve: "eu não temo afirmar que o sucesso das teorias das relações de objeto se apoia em grande parte sobre uma compreensão muito limitada do conceito freudiano de pulsão" (p. 21). Incomodado com a falta de uma fonte motivadora das ações e dos processos psíquicos nas teorias de relações de objeto, Green (2002) afirma:

> *a causalidade psíquica não pode se satisfazer em uma teoria das pulsões fechada num solipsismo inaceitável, muito menos encontrará solução satisfatória em uma teoria da relação de objeto que pretende se passar de fonte dinâmica pulsional como motor do investimento e do desenvolvimento. Essa causalidade não é exclusivamente intrapsíquica nem exclusivamente intersubjetiva, ela é nascida da articulação de suas relações e necessita do recurso a essas instancias mediadoras para fornecer uma imagem mais exata do psiquismo (p. 75-76).*

De acordo com Green (1995a), a pulsão não é psíquica em sua fonte, ela se torna psíquica no encontro com o objeto. Isso lhe permite afirmar que o objeto é revelador da pulsão e que pulsão e objeto formam um par inseparável. Contudo, esse encontro não acontece sem obstáculos – obstáculos esses que implicam o adiamento da satisfação que é responsável e, ao mesmo tempo, que é sustentado pela constituição das representações que se fazem na experiência com os objetos e que constituem a matéria-prima do psiquismo. Green (1995a) afirma:

> Ativada, a pulsão se coloca em marcha para não se deter senão pela ação específica que lhe satisfaz. Ela não é nem somática nem psíquica em sua fonte. Mas como diz Freud, no percurso da fonte ao objetivo, ela se torna efetiva psiquicamente [...]. As representações não nascem imediatamente. Sua germinação é a consequência dos obstáculos encontrados pela pulsão, e entendemos que tem sido assim sempre. O atraso inevitável imposto à satisfação estimula então o aparelho psíquico e o obriga a transformar a pulsão em representação de todas as ordens. Novamente temos o representável. É aqui que o objeto intervém [...] Por isso diremos que o objeto é revelador da pulsão [...] Em resumo, o objeto, revelador das pulsões, faz dessas revelações as primeiras formas do sujeito. A pulsão é não somente um conceito-limite entre o psíquico e o somático, mas é também um conceito-limite entre o sujeito e o objeto, pois em sua colocação em atividade-criação, proposta por Winnicott, ela mesma constrói seus próprios objetos – duplos dos precedentes – que serão os objetos internos (p. 238-239, grifos meus).

Desse modo, para Green (2003), a pulsão e o objeto guardam uma relação de codeterminação. Segundo Green (1995a), na esteira de Freud, os objetos serão os meios de lidar com a pulsão que resultaram na organização do psiquismo. Portanto, não se trata de minimizar o papel do objeto, e sim de determinar o fundamento e o motor das ações humanas. Nisso, temos que a resposta por meio da satisfação pulsional implica o objeto. Nesse contexto, ele escreve:

Nós gostaríamos de opor sexualidade e objetalidade, embora, numa perspectiva freudiana, os dois são inseparáveis. No conceito de "relação" (de objeto) se trata senão de dar outro nome à ligação sexual, tendo entendido que a essência da sexualidade não é somente o prazer, mas a ligação, sobretudo nas espécies em que a sexualidade significa "sexion", que apela a uma reunificação (p. 23).

A hipótese central de Freud sobre a junção da vida psíquica a sua dependência somática não justifica de modo algum, a meu ver, a crítica contemporânea de biologismo. Pois Freud tem o cuidado de dizer que a ancoragem do psiquismo no somático é de tal forma que a pulsão já é de ordem psíquica: nós não podemos dizer em qual substrato[...] Toda concepção de psiquismo de Freud responde à oposição entre a demanda do corpo feita ao espírito, que pode ser satisfeita através da intervenção do objeto (ou simplesmente sob garantia deste que diz respeito às necessidades fundamentais) e essas onde a satisfação necessita o encontro com o polo objetal (p. 43-44).

Mais adiante, Green continua:

> Eu sustentei a ideia de que é errado opor as pulsões aos objetos, e que nas alternâncias de presença e ausência dos objetos que a pulsão é chamada a se manifestar. O objeto é o revelador da pulsão *(p. 48)*.

Figueiredo e Cintra (2004) advertem que Green não chega a transformar o objeto em fonte da pulsão, como faz Laplanche, mas enfatiza a capacidade do objeto de despertar e de conter a pulsão. Compreendemos que o objeto revela a pulsão na medida em que é apenas por meio dele que podemos ter notícia de uma pulsão. Isso seja pela ausência do objeto diante do qual a pulsão pode ser percebida numa gradação entre anseio e ansiedade, seja pela presença do objeto que nos faz supor uma forma para a pulsão; por exemplo, uma pulsão escópica. Já nesse segundo caso, o objeto, além de revelar, também contém a pulsão, no sentido de dar a ela uma forma, como um vaso que dá forma à água; ou, ainda, no sentido de impedir que ela inunde o psiquismo, sendo vivida como angústia. E, desse modo, o *holding* proposto por Winnicott tem em Green uma função objetalizante.

Para Green (1995a), o objeto não pode ser colocado em segundo plano, pois a clínica atual exige que nós transformemos nossa concepção de causalidade para uma causalidade que seja efeito de uma relação, de uma relação de objeto. A relação de objeto é constitutiva do Eu, tanto em sua modalidade intrapsíquica como em sua modalidade interpsíquica (ou intersubjetiva). Se partirmos do objeto, precisamos saber como ele é apreendido e, portanto, precisamos saber da relação, mas também do aparelho psíquico. Se partirmos do aparelho psíquico, que não é autossuficiente, ou seja, não é dado *a priori*, mas depende do objeto para se estruturar, também precisamos saber do objeto e das relações de objeto que o constituem. Retomando essa temática anos depois, Green (2008) afirma:

> Mas de fato, mesmo adotando esse ponto de vista, como já sustentamos em 1984, a pulsão revela a existência do objeto apto a satisfazê-la, assim como, inversamente, o objeto é revelador da pulsão. Uma polêmica sem fundamento terminou por desenvolver-se entre os partidários da teoria das pulsões e os da teoria das relações de objeto. Abordamos os argumentos dessa discussão e concluímos que a articulação entre os pontos de vista intrapsíquico (onde o componente pulsional do psiquismo está em primeiro plano) e a perspectiva intersubjetivista (onde os fundamentos remontam à teoria de relações de objeto) é incontornável, uma vez que há um par indissociável que é o par pulsão-objeto, base do psiquismo (p. 74, grifo meu).

Para Green (1990, 1995a, 2002 entre outros), a ênfase na pulsão ou no objeto é um falso problema, pois eles são indissociáveis: o objeto é revelador da pulsão. Green propõe, assim, o que parece ser sua primeira "solução" para os limites do diálogo entre a teoria pulsional e a teoria das relações de objeto. Aceitando pulsão e objeto como par inseparável baseado em análise do texto freudiano, Green procura reler e articular ambas as teorias desse ponto de vista, desconstruindo com essa afirmação os limites desse diálogo.

Essa posição resultou também na construção de outro par inseparável que será sustentado por Green (1995a); a saber, o intrapsíquico e o intersubjetivo. Ele escreve:

> *Essa evolução do pensamento psicanalítico testemunha a preocupação em sair de uma perspectiva um tanto solipsista de Freud, centrando a teoria sobre a ligação pulsão-objeto. Mas o objeto é aqui pensado de uma forma mais ampla. Objeto da satisfação pulsional seguramente, objeto das representações inconscientes sem dúvida, mas também e talvez, sobretudo, objeto que, como fantasia, representa e envia à criança suas próprias representações de si. Essas são introjetadas pela criança e ajudam a construir aquilo que Winnicott chamou de objetos subjetivos. Nós compreendemos melhor por meio dessas elaborações teóricas as estreitas relações que amarram o intrapsíquico e o interpsíquico ou intersubjetivo (p. 122).*

O que Green (2002) propõe não é um retorno a Freud, pois se trata de uma articulação entre o intrapsíquico e o intersubjetivo, de uma reorganização da metapsicologia freudiana segundo a ênfase no par pulsão-objeto. Ele escreve:

> *No meu relatório de Londres [O analista, a simbolização e a falta no enquadre analítico], considerei que uma nova metapsicologia estava em vias de se instalar, que se lançava por cima das distinções freudianas para se centrar agora sobre os estudos das relações entre o self e o objeto. O self que é senão o mais recente produto da teoria. Nós muitas vezes sublinhamos a insuficiência do conceito de Eu [Moi] e o juntamos, segundo o contexto teórico, a outras entidades: o sujeito, o Eu [Je], a pessoa, e enfim, o self; esse mesmo compreendido de*

diferentes formas segundo os autores, de E. Jacobson a Kohut (p. 40).

Green quer re-balancear a psicanálise que vai da pulsão ao objeto e vice-versa, pois o importante não são os extremos, mas o vaivém entre o par. Esse equilíbrio entre pulsão e objeto foi rompido na história da psicanálise, segundo esse autor, pela subestimação de Freud do lugar do objeto por sua tendência solipsista.

Para Green (2002), a relação entre a pulsão e o objeto só pode ser compreendida de modo dialético:

> *Observamos que as relações entre o objeto e a pulsão são tais que o objeto é preconcebido, projetado, representado, construído, enquanto a pulsão é ativa, dinâmica, auto-organizada (no sentido de Atlan) e sujeitada às transformações. Na falta de precisarmos as relações mútuas do objeto e da pulsão, creio que simplificamos muito as coisas. A construção do objeto leva retroativamente à construção da pulsão que constrói o objeto. A construção do objeto não se concebe senão a partir de um investimento pela pulsão. Entretanto, quando o objeto é construído na psique, essa conduz à construção da pulsão após coup; a falta do objeto dá origem à concepção da pulsão como expressão inaugural do sujeito. Consequentemente, assistimos à possibilidade de conservar o desejo ou a tomada de consciência da animação pulsional que dá origem ao desejo e ao objeto. Para sairmos de dificuldades teóricas é necessário recorrer a um pensamento dialético. Do contrário, nós não teremos mais que uma ideia na*

cabeça: nos livrarmos da pulsão, pois não sabemos o que fazer com ela (p. 54, grifo do autor).

De acordo com Reed e Baudry (2005), Green recontextualiza o pensamento freudiano de forma que ele possa se integrar com as relações de objeto. Enfatizando a ideia de falta, Green cria a possibilidade de tratar pacientes não neuróticos sem violentar a teoria de Freud sobre a neurose. Eles escrevem: "é uma contribuição que é criativa e ao mesmo tempo é conservadora no mais fundamental sentido do termo" (p. 153).

Entretanto, depois de sustentar, por mais de uma década, a inseparabilidade do par pulsão-objeto como argumento para a unificação das teorias de Freud e Winnicott, mais recentemente Green apresenta uma segunda solução para a oposição entre a teoria pulsional e as teorias das relações de objeto, que ele denomina "teoria dos gradientes". Em 2008, Green retoma parte de suas ideias e afirma:

Reconhecemos que há uma carência em Freud com relação à resposta ao objeto. No entanto não aceitamos que se aproveitem dessa constatação para se desembaraçar da insubstituível teoria das pulsões. Propusemos também que a célula fundamental da teoria seja constituída pelo par pulsão-objeto. Desenvolvendo nossas ideias sob a influência da experiência clínica e da reflexão teórica, proporemos agora nossa solução. [...] Na perspectiva que propomos não se trata de opor o sujeito e o objeto, mas de inscrever cada um desses dois termos no seio de uma linhagem. Dizendo de outra forma, não há, para nós, no estado atual de nossos conhecimentos e das teorias existentes, possibilidade de reunir sob o mesmo capítulo, em psicanálise, sujeito e objeto. Trata-se de duas correntes, ao mesmo tempo independentes uma da outra e interconectadas em alto grau, nas quais se articulam formações subjetivas e formações objetais. Cada corrente possui uma unidade, mas se decompõe em diversas entidades. Diante de cada problema é preciso buscar a entidade que tenha mais relação com ele [...] (p. 143).

Sou levado a crer que é de interesse da psicanálise adotar uma teoria de gradientes *que, em cada linhagem, se veja obrigada a decidir qual aspecto está mais envolvido no problema considerado (p. 147, grifo do autor).*

Na passagem citada, é primeiramente importante observar que Green desliza da pulsão para o sujeito; mais adiante justifica esse ajuste afirmando que a linhagem subjetal, que será oposta à linhagem objetal, tem como matriz a pulsão. Em seguida, é importante observar que, sem abandonar a pulsão e o objeto como par inseparável, Green passa a enxergar um limite na aproximação entre as teorias que se apresentam como mais frutíferas para explorar o polo subjetal e as mais frutíferas na exploração do polo objetal, considerando a utilização dessas teorias de modo alternado sem sua necessária articulação – o que até então parecia ser um de seus focos de trabalho, a propósito da metapsicologia dos limites.

Ainda para esclarecer sua proposição de uma "teoria dos gradientes", sem a pretensão de estabelecer uma correspondência exata, Green (2008) aproxima esse termo da meteorologia e afirma que "somos mais sensíveis a variações de pressão [gradientes] do que à definição de uma zona delimitada [localização geográfica]" (p. 154-155). Nessa passagem, podemos observar que Green se mostra mais interessado na dinâmica do que na tópica; o que será retomado no Capítulo 2 na discussão dos "processos terciários".

Mais adiante, retomarei como essa ideia de "gradientes" pode se articular com a observação realizada por essa pesquisa de que Freud e Winnicott estão abordando em suas teorias dois níveis diferentes de apreensão do *self*. Entretanto, permanece a questão: o que faz Green recuar em sua aposta na articulação plena entre Freud e Winnicott, afirmando a existência de duas linhagens, uma que enfatiza o objetal e outra o subjetal?

O diálogo possível entre a teoria pulsional e a teoria das relações de objeto

Como vimos, é possível observar na psicanálise a existência de um pluralismo – a que Green prefere denominar "fragmentação" –, que teve início ainda antes da morte de Freud com as propostas de Ferenczi, entre outros, ainda que as contribuições desse autor tenham sido por vezes minimizadas ou recusadas até há pouco tempo. Entretanto, esse pluralismo se acentuou realmente após a morte de Freud, com uma multiplicação intensa de escolas e correntes psicanalíticas e, ao que tudo indica, não existe (se é que um dia virá a existir) um *common ground* que unifique todas essas variações da psicanálise.

Muitas das divergências entre essas diferentes correntes foram determinadas por questões políticas, resistenciais e transferenciais, ainda que não se possa negar que o modelo freudiano tenha encontrado seus limites clínicos no tratamento das psicoses, da tendência antissocial, e nos quadros que acabaram por ser denominados "*borderline*", suscitando novas elaborações metapsicológicas. Além disso, não se pode negar que certas divergências estão relacionadas à complexidade do psiquismo, que não se deixa apreender facilmente por meio de modelos e esquemas, e o que justifica que essas diferenças sejam discutidas num plano mais teórico-clínico e menos ideológico.

Para avaliar até que ponto a teoria de Freud (marcada pela primazia da pulsão) e a teoria de Winnicott (marcada pela primazia do objeto) são opostas e até que ponto elas podem dialogar, optei por examinar o estatuto do objeto em Freud e o estatuto do instinto em Winnicott.

Esse exame revelou a presença do objeto, ao lado da pulsão, como fundante do psiquismo em Freud, o que consiste numa abertura para uma articulação com as teorias das relações de objeto. Entretanto, já o exame do estatuto do instinto em Winnicott revelou que este tem lugar importante apenas num segundo momento da constituição do desenvolvimento emocional, quando o Ego já está constituído.[12]

Porém, o importante é perceber que, enquanto Freud fala em aparelho psíquico, Winnicott está o tempo todo preocupado com o desenvolvimento emocional. É importante notar também que essa fase anterior para a qual Winnicott chama a atenção é uma fase que não se conclui, embora uma segunda fase – na qual há a integração do Ego e na qual os instintos começam a fazer sentido – já tenha se iniciado. Essas proposições parecem indicar que Freud e Winnicott estão falando de dois níveis diferentes de apreensão do *self* que se desenvolvem em paralelo: o primeiro tem relação com o desenvolvimento emocional, como descreve Winnicott: percurso da

---

12 Embora, paradoxalmente, a fase anterior à constituição do Ego na teoria winnicottiana seja marcada pelas "necessidades egoicas", ou necessidade do Ego de integrar-se, estas não teriam relação com as necessidades instintivas – o que deixa uma brecha para questionarmos se não há de fato Ego, já que há necessidades egoicas.

indiferenciação para a diferenciação, do objeto subjetivo ao objeto objetivamente percebido como forma de contato com a realidade etc. O outro tem relação com a constituição do aparelho psíquico, mais próximo das ideias freudianas: diferenciação tópica, trânsito da pulsão mediada pelos mecanismos de defesa etc.

Essa ideia da existência de dois níveis é muito relevante porque indica, a meu ver, um limite nas aproximações que podemos fazer entre Winnicott e Freud, pois esses autores teorizaram sobre fases que em algum momento ocorrem simultaneamente, mas são, especialmente, diferentes níveis de apreensão. Esses níveis se relacionam, mas, por outro lado, não se sobrepõem perfeitamente nem se igualam. Também não podemos afirmar que são opostos e, sobretudo, não parece ser possível articular as ideias de Freud e de Winnicott sem levar essa diferença em conta. Esses autores teorizam sobre processos que correm em paralelo e, embora não sejam completamente independentes, não se articulam ponto a ponto. Desse modo, as relações entre os diferentes processos que cada um desses autores tentou descrever é algo a ser construído.

Como descrever o que ocorre com a libido quando o desenvolvimento emocional é interrompido pela ausência de um objeto primário, danificando a construção do espaço potencial? Ou, o que ocorre no desenvolvimento do *self* quando a perda de um objeto produz uma forte regressão narcísica da libido, resultando num quadro melancólico?

O conceito de regressão ilustra a existência desses dois níveis. Enquanto Freud fala da regressão da libido e das influências que essa regressão pode gerar na dinâmica do aparelho psíquico, Winnicott usa o termo regressão para descrever o retorno do indivíduo à fase de dependência, na qual se baseia a possibilidade de cura. Para Winnicott, se o ambiente for favorável, há a possibilidade de restauração de falhas do passado, que implicam a restauração da ilusão e das experiências de onipotência e que, por sua vez, resultam numa possibilidade de desenvolvimento do espaço potencial e do verdadeiro *self*. Resta-nos saber, por exemplo, o que ocorre com a libido na regressão à dependência, será que regride também? Necessariamente? Respostas mais acuradas para este diálogo precisam ainda ser construídas.

O modelo de Freud se mostrou insuficiente para a compreensão e o tratamento das patologias-limite, pois ele considerou de modo insuficiente a relevância da qualidade das relações de objeto. A consideração do objeto como contingente em Freud teve mais relevo do que a afirmação de que, depois do encontro com esse objeto contingente, passa a existir a necessidade de uma ação específica para que novas descargas ocorram e que é o caminho representacional que indica o objeto da ação específica, capaz de provocar a descarga que desenha a materialidade do psiquismo. Ou seja, o objeto é contingente apenas nos momentos inaugurais; depois disso, objetos específicos e suas repetidas presenças e ausência serão responsáveis pelas vicissitudes do psiquismo.

Além disso, em Freud, o modelo na neurose pressupõe uma relação bem estabelecida com os objetos primários, e a "escolha na neurose" será determinada pelas vicissitudes do Édipo e da castração. Foi necessária a construção de outros modelos para que se compreendesse o que ocorre quando a criança chega ao Édipo com relações de objeto inconsistentes e com um Eu demasiadamente frágil. Para tanto, as teorias das relações de objeto apostaram nos efeitos que a relação mãe-bebê tem para a constituição do sujeito. No entanto, como bem destaca Green ao enfatizar a importância do objeto externo, as teorias das relações de objeto abandonaram a força motivadora da relação de objeto que é dada pela pulsão; minimizaram o intrapsíquico em favor do intersubjetivo; e abandonaram a teoria representacional de Freud, que ilustra como uma relação intersubjetiva se traduz em termos intrapsíquicos. Isso justifica uma tentativa de articulação entre essas duas teorias.

Como vimos, ao refletir sobre a oposição entre a teoria pulsional e a teoria das relações de objeto, Green compreende essa oposição como um falso problema, uma vez que considera pulsão e objeto como par inseparável. Desse modo, para ele seria inaceitável uma teoria que privilegiasse um em detrimento do outro para descrever o que se passa no psiquismo, no sujeito ou nas relações intersubjetivas. A partir dessa perspectiva, Green produz avanços importantes para a compreensão de uma metapsicologia dos limites, o que poderá ser observado na próxima parte deste trabalho.

Contudo, mais recentemente, sem desejar abandonar a perspectiva da pulsão e objeto como par inseparável, Green propõe sua "teoria dos gradientes", como que afirmando que a inseparabilidade do par não garante uma unificação e quiçá nem mesmo uma articulação entre teorias que privilegiam a pulsão e as que privilegiam o objeto. Ao que parece, Green poderia então rever a dramaticidade de sua afirmação de 2004 (citada na Introdução) de que "a fragmentação é um passo para a morte" e talvez imaginando o movimento pendular entre os polos: pulsão-objeto, subjetal--objetal, intrapsíquico-intersubjetivo, sem o privilégio de um ou outro, como o que dá vivacidade à teoria psicanalítica. Talvez tenha ficado mais claro para Green que a unificação da pulsão e do objeto num par inseparável não garante a unificação das teorias preexistentes e que talvez a articulação dessas teorias venha a produzir uma nova teoria, outra variação entre as diferentes teorias existentes em psicanálise.

De certo modo, a teoria dos gradientes parece bastante mais próxima da ideia da existência de dois diferentes níveis de apreensão do *self* em Freud e Winnicott, que não podem ser superpostos, mas que são passíveis de alguma aproximação. Ainda que pulsão e objeto formem um par inseparável, no que estou de acordo com Green, parece que os movimentos de encontro e desencontros entre esses dois podem ser apreciados por, pelo menos, dois ângulos diferentes: do aparelho psíquico e do desenvolvimento emocional.

Partindo da ideia de que a análise das consequências do diálogo entre essas teorias pode iluminar melhor seus limites, passo, por ora, a examinar como Green costura esses dois grandes sistemas teóricos apresentando suas contribuições originais. Também procuro apresentar algumas contribuições para essa costura, evidentemente permeadas pela intertextualidade com Green.

2. Proposta de reorganização da tópica

A articulação de dois níveis distintos de apreensão do self

Para começar a examinar algumas das consequências que o diálogo entre a teoria pulsional e a teoria das relações de objeto podem produzir na concepção de *self* e de aparelho psíquico, tendo em vista contribuir para a ampliação da metapsicologia dos limites, proponho uma aproximação entre o objeto externo na teoria freudiana que satisfaz a pulsão, que já foi examinado, e o objeto externo na teoria winnicottiana que satisfaz a ilusão de onipotência e que será examinado agora. Com isso, será sugerida adiante não uma equivalência, mas uma possível coincidência entre o objeto da pulsão e o objeto que sustenta a ilusão de onipotência, que contribui para uma formação concomitante de dois níveis de apreensão do *self*, passíveis de articulação. Para Green, ambos os objetos serão essências para a formação do que ele denomina de "estrutura enquadrante", conceito que discutiremos ainda neste capítulo.

A concepção de Winnicott sobre o objeto é central em sua teoria, apresenta diferenças com Freud e é, sobretudo, o campo de sua contribuição mais original para a psicanálise. Lins (1998) aponta que a tópica freudiana já não dava conta de incluir certos aspectos das psicoses, o que motivou Klein a construir a noção de objeto interno por meio do mecanismo de introjeção que inspirava uma nova tópica objetal. Por sua vez, a teoria winnicottiana dos objetos pretende estar para além da polaridade freudiana entre o percebido e o representado e para além da polaridade kleiniana entre dentro e fora, propõe pensar o "entre" com a ideia de objeto transicional.

Já o objeto psíquico, segundo Freud, é o objeto pulsional instaurado por meio da primeira experiência de satisfação, que tem a primeira mamada de um bebê como protótipo. Entretanto, Winnicott concebe a primeira mamada de uma forma bastante diferente, o que resulta numa concepção própria de objeto. Para Winnicott, a primeira mamada deve ser responsável pela criação de uma ilusão de onipotência no bebê – cabe lembrar que ao utilizar o termo ilusão, Winnicott não está discutindo a formação de uma imagem representacional. Esse autor propõe que o fundamental para a continuidade do desenvolvimento emocional é que o bebê tenha a ilusão de que ele cria os objetos do mundo, afirmando ainda que isso antecede, necessariamente, a alucinação do objeto pulsional, explicitada por Freud. Isso considerando que a alucinação requer uma experiência anterior, ao passo que a ilusão de onipotência deve estar presente desde os primeiros instantes. Contudo, a posição de Winnicott não me parece ser oposta à de Freud. Winnicott parece estar fazendo referência a um tempo anterior à constituição do psiquismo; nesse caso, anterior à possibilidade de alucinação como primeira forma de representação, um tempo que coincide com a primeira experiência de satisfação, mas não se reduz a ela, na medida em que na experiência de ilusão não basta estar garantida a satisfação, é preciso também garantir a ilusão de que o objeto que satisfaz é criado pelo próprio bebê, instalando o paradoxo encontrado/criado, e isso repetido inúmeras vezes. Pensando sobre a continuidade do desenvolvimento emocional que se dá por meio da sustentação da experiência de ilusão, em vez de focar sua atenção na formação do aparelho psíquico em termos de representação e memória, como faz Freud, Winnicott refere-se assim ao que entendo ser outro nível de apreensão do *self*.

Entretanto, de acordo com Winnicott, devido à imaturidade do bebê, a primeira mamada em si não é significativa do ponto de vista emocional, ponderando que a primeira mamada teórica é, na realidade, um somatório de experiências.[1] Quando ela é satisfatória tudo corre bem; já quando isso não se dá, o bebê pode estabelecer um padrão de insegurança que leva tempo para ser transformado. Porém, para Winnicott, uma primeira mamada satisfatória não tem relação com satisfação pulsional. Uma mamada satisfatória oferece ao bebê a oportunidade de ter a ilusão de que o seio ali presente foi criado por ele. Sendo tal mamada satisfatória, o bebê adquire segurança para manter relacionamentos com o mundo externo ou real. Winnicott (1971/1975) procura descrever o que ocorre nesse momento:

> [...] em algum ponto teórico, no começo do desenvolvimento de todo indivíduo humano, um bebê, em determinado ambiente proporcionado pela mãe, é capaz de conceber a ideia de algo que atenderia à crescente necessidade que se origina da tensão institual. *Não se pode dizer que o bebê saiba, de saída, o que deve ser criado. Nesse ponto a mãe se apresenta. De maneira*

---

[1] Se de fato a primeira mamada teórica é um somatório de experiências, essa pode sim coincidir com a capacidade de alucinação do objeto de satisfação pulsional, sem que de forma alguma se confunda ilusão com alucinação.

comum. Ela dá o seio e seu impulso potencial de alimentar. A adaptação da mãe às necessidades do bebê, quando suficientemente boa, dá a ilusão de que existe uma realidade externa correspondente à sua própria capacidade de criar (p. 27, grifo meu).

Fica claro que Winnicott está procurando expressar a ideia de que, para o desenvolvimento emocional do bebê, é importante que haja uma coincidência, ou uma superposição, entre o objeto da realidade e o objeto da necessidade. Contudo, nessa passagem, Winnicott mantém a ideia de que o objeto criado é o objeto "*que atenderia à crescente necessidade que se origina da tensão instintual*", dando margem à interpretação de que o mesmo objeto em que se baseia a experiência de ilusão produz a experiência de satisfação pulsional, como descreve Freud. Isso pode nos permitir estabelecer um ponto de articulação entre a teoria pulsional e a teoria objetal, sem ofender a estrutura teórica do pensamento desses autores. A ideia não é sobrepor os acontecimentos que ocorrem na sequência ao encontro com o objeto, igualando a formação da representação e do aparelho psíquico freudiano com o desenvolvimento emocional winnicottiano, mas tão somente sugerir a ideia de que o objeto externo pode constituir um ponto de articulação entre esses dois níveis de apreensão do *self*, que se desenrolam em paralelo e são essencialmente distintos, porém articuláveis.

A articulação entre esses que denomino de dois níveis de apreensão do *self* também parece evidente para Winnicott (1954/2001) quando ele afirma que situações desfavoráveis podem levar à regressão da libido para pontos de fixação que podem, em consequência, reintensificar a situação original da falha ambiental, sugerindo como os acontecimentos no nível lididinal influenciam o desenvolvimento emocional.

Para Winnicott, o objeto da ilusão não é tomado pelo bebê como um objeto real, como ambiente. Por mais que o seja de fato, ele é experimentado pelo bebê como um objeto subjetivo. Nesse momento do desenvolvimento não há diferença entre Eu e não Eu, não há exterioridade: o bebê é o seio e o seio é o bebê. O objeto subjetivo é definido por Winnicott como aquele que ainda não foi repudiado como não Eu. Entretanto, para esse autor, a ilusão é apenas o início; o processo só se completa com a possibilidade de estabelecimento da desilusão, posteriormente. De acordo com Winnicott (1971/1975):

> A "mãe" suficientemente boa (não necessariamente a própria mãe do bebê) é aquela que efetua uma adaptação ativa às necessidade do bebê, uma adaptação que diminui gradativamente, segundo a crescente capacidade deste em aquilatar o fracasso da adaptação e em tolerar os resultados da frustração. [...] os meios de que o bebê dispõe para lidar com esse fracasso materno incluem os seguintes: 1. A experiência do bebê, quase sempre repetida, de que há um limite temporal para a frustração. A princípio, naturalmente, esse limite deve ser curto; 2. Crescente sentido de processo; 3. Os primórdios da atividade mental; 4. emprego das satisfações auto-eróticas; 5. recordar, reviver, fantasiar, *sonhar; integrar o passado, presente e futuro (p. 25, grifos meus)*.

Ou seja, para lidar com a frustração, o bebê conta com: a atividade mental realizada por meio de representações da realidade; a satisfação pulsional proporcionada por um objeto que é parte do bebê, ou seja, é autoerótico; e com a atividade do fantasiar, baseada em representações adquiridas nas experiências. Dessa passagem, parece-me que mais alguns fios que Winnicott deixa soltos surgem e me ajudam a tecer alguma articulação entre o objeto da pulsão de Freud e os objetos winnicottianos. Aqui não se trata mais apenas do objeto externo, mas também da representação interna do objeto externo que poderá ter uma função apaziguadora tanto da pressão pulsional como em relação a manter a sensação de continuidade do Ser, na medida em que esse objeto é encontrado/criado sustentando a ilusão de onipotência.

Com uma concepção própria do que ocorre na primeira mamada é que Winnicott começa a fundamentar a ideia de uma área intermediária entre o interno e subjetivo e o externo e objetivo, área que será denominada "espaço potencial" e será habitada pelos objetos transicionais. A adaptação quase completa propicia a ilusão. Entretanto, a tarefa final da mãe consiste em desiludir o bebê. O que me interessa nessa passagem, da ilusão para a desilusão, é o objeto transicional que dá sustentação a ela. Winnicott (1971/1990) escreve:

> A mãe coloca o seio real exatamente onde o bebê está pronto para criá-lo, e no momento exato. Desde o nascimento, portanto, todo o ser humano está envolvido com o problema da relação entre aquilo que é objetivamente percebido e aquilo que é subjetivamente concebido e, na solução desse problema [...] a área intermediária a que me refiro é a área que é concedida ao bebê, entre a criatividade primária e a percepção objetiva baseada no teste da realidade (p. 26, grifo do autor).

Se para Freud a ausência do objeto de satisfação pulsional cria a possibilidade de alucinação do objeto – que será o fundamento das representações psíquicas e do próprio aparelho psíquico –, para Winnicott, a ausência do objeto da necessidade, no momento adequado, cria o espaço potencial e cria também a noção de objeto objetivamente percebido. Constrói, portanto, uma relação com a realidade que é mediada por esse espaço potencial. Seria, então, possível traçar uma relação entre o aparelho psíquico de Freud e o espaço potencial de Winnicott? Em termos tópicos isso ainda parece pouco claro, entretanto, por ora, é importante observar que ambos têm a função de dar suporte ao sujeito diante da ausência de um objeto externo.

A questão da criatividade primária passa por discutir se o bebê faz uma contribuição pessoal na primeira mamada, ou se é apenas capaz de projetar aquilo que foi anteriormente introjetado. Para Winnicott, o bebê faz sim sua contribuição pessoal. Ele afirma que devemos reconhecer a criatividade não tanto pela originalidade, mas pela sensação individual de realidade na experiência com o objeto (Winnicott, 1971/1990). No início, o bebê tem uma ilusão. Nós sabemos que é uma ilusão, mas para ele é uma experiência de onipotência e de criatividade, muito importante para sua aprendizagem em como lidar com a realidade externa. A ilusão é uma espécie de alicerce sobre o qual se baseará a percepção do objeto externo e a relação com a realidade. "A capacidade do bebê de transformar a realidade por meio da ilusão é a essência do sentimento de estar psiquicamente vivo e constitui a base para uma atitude criativa posteriormente para com a vida" (Modell, 1990, p. 100). Desse modo, a criatividade primária, como proposta por Winnicott, tem relação com a sensação de ser e com a possibilidade de intervenção na realidade.

No entanto, ao comentar que a ilusão de que o seio foi criado se relaciona com o que ele compreende como criatividade primária, Winnicott (1971/1990) dá mais subsídios para a aproximação proposta entre o objeto que sustenta a ilusão e o objeto da pulsão que será representado. Nesse sentido, ele escreve:

> Creio que não será inadequado dizer que o bebê está pronto para ser criativo. Haveria a alucinação de um objeto, se houvesse material mnemônico para ser usado nesse processo de criação, mas isso não pode ser postulado considerando-se que é uma primeira mamada teórica. Aqui o ser humano se encontra na posição de estar criando o mundo. O motivo é a necessidade pessoal; testemunhamos então a gradual transformação de necessidade em desejo *(p. 122, grifos meus).*

> Após a primeira mamada teórica, o bebê começa a ter material com o qual criar [...] *as memórias são constituídas a partir de inúmeras impressões sensoriais, associadas à atividade da amamentação e ao encontro do objeto.* No decorrer do tempo surge um estado no qual o bebê sente confiança em que o objeto do desejo poderá ser encontrado, e isto significa que o bebê gradualmente passa a tolerar a ausência do objeto. Dessa forma inicia-se no bebê a concepção de realidade externa *(p. 126, grifos meus).*

Ao que parece, Winnicott relaciona nessa passagem a criatividade com a alucinação e com o material mnemônico produzido no encontro com o objeto, ou com a representação de coisa em termos freudianos.

Em *O brincar e a realidade* (1971/1975), Winnicott procura explicar o que é o objeto transicional que surge na área de ilusão, mas adverte que tal objeto propõe um paradoxo entre o encontrado e o criado que não deve ser resolvido, pois a insistência em sua solução implicaria uma organização de defesa do tipo falso *self*. Acerca da descrição dos objetos transicionais, Winnicott (1971/1990) escreve:

> Essa primeira possessão está relacionada, retroativamente no tempo, com os fenômenos auto-eróticos e ao sugar o punho e o polegar, *e também, para frente, ao primeiro animal ou bonecos macios e aos brinquedos duros. Relaciona-se tanto com o objeto externo (seio da mãe) quanto com os objetos internos (seio magicamente introjetado), mas é diferente deles [...]. Não é o objeto, naturalmente, que é transicional. Ele representa a transição do bebê de um estado em que este está fundido com a mãe para um estado em que ele está em relação com ele como algo externo e separado* (p. 29-30, grifo meu).

A proximidade que Winnicott aponta nessa passagem entre os objetos transicionais e os fenômenos autoeróticos não pode ser deixada de lado quando desejamos sustentar a relação entre o objeto que poderá ter função transicional e o objeto pulsional. Por outro lado, é bem verdade que Winnicott deixa claro que eles não são idênticos, especialmente porque a principal característica do objeto transicional é a transição entre o interno e o externo que ele sustenta, ao passo que a principal característica do objeto pulsional é proporcionar descarga. O objeto transicional não tem necessariamente uma relação com a satisfação instintiva: "Essa primeira possessão é usada em conjunção com técnicas especiais, derivadas da infância muito primitiva, as quais podem incluir as atividades auto-eróticas mais diretas, ou existir isoladamente delas" (Winnicott,

1971/1975, p. 17). Ou seja, não há entre esses objetos uma relação de equivalência, mas sim uma possível relação de coincidência que tem sua relevância para a aproximação da teoria pulsional de Freud com a teoria das relações de objeto de Winnicott. Coincidência essa que está a favor do desenvolvimento conjunto de dois planos distintos: o aparelho psíquico e o desenvolvimento emocional.

A ausência prolongada da mãe pode influenciar no estabelecimento dos fenômenos transicionais. Segundo Winnicott (1971/1975):

> *Como se sabe, quando a mãe, ou alguma outra pessoa de quem o bebê depende, está ausente, não há uma modificação imediata, de uma vez que o bebê possui uma lembrança ou imagem mental da mãe, ou aquilo que podemos chamar de uma representação interna dela, a qual permanece viva durante um certo tempo. Se a mãe ficar além de certo limite medido em minutos, horas ou dias, então a lembrança, ou a representação interna, se esmaece. À medida que isso ocorre, os fenômenos transicionais se tornam gradativamente sem sentido e o bebê não pode experimentá-los. Podemos observar o objeto sendo descatexizado. Exatamente antes da perda, podemos, às vezes, perceber o exagero do uso de um objeto transicional como parte da negação de que haja ameaça de ele se tornar sem sentido (p. 31).*

Parece haver alguma relação entre a possibilidade de existência do objeto transicional, a presença real da mãe e o estabelecimento da representação interna do objeto-mãe. Por outro lado, para Winnicott, um bebê pode ser alimentado, mas sem amor e um manejo pessoal não há confiança no ambiente e muito menos a experiência de ilusão que constituem o espaço potencial. Isso enfatiza que esse espaço depende da qualidade das experiências do viver.

Na medida em que o bebê pode suportar a desilusão, os objetos subjetivos são repudiados como fenômenos do não Eu. A agressividade, que tem um papel fundamental nesse processo desde o início do desenvolvimento, é compreendida por Winnicott como sinônimo de atividade motora. O objeto que sobrevive e não desaparece diante do repúdio pode ser usado como objeto externo. Esse processo é a base da separação do bebê em relação à mãe, e só quando há essa separação é que podemos falar numa integração do Ego e na existência de um mundo externo do ponto de vista do bebê. Porém, para Winnicott (1971/1975), pensar o humano em termos de relações interpessoais (mundo externo) e em termos de mundo interno não é suficiente. Winnicott cria a ideia de uma terceira área, que denomina "espaço potencial" e que é habitada por esses objetos transicionais. Como Winnicott também esclarece, o objeto em si – a fralda, o ursinho etc. – não é transicional, é o uso que se faz dele que o torna transicional. O destino do objeto transicional é ser desinvestido e, à medida que se desenvolvem os interesses culturais, este deve perder a sua importância, podendo ser recuperado em momento de regressão. Entretanto, Winnicott (1971/1975) adverte que:

> As duas outras áreas não perdem em significação em face desta que estou apresentando como terceira área. *Se, na verdade, examinarmos seres humanos, é de se esperar que nossas observações possam ser superpostas, uma sobre a outra [...]. A adaptação da mãe ao bebê concede a ela certa fidedignidade, isso é o que permite a separação do não-eu a partir do eu. Ao mesmo tempo, contudo, pode-se dizer que a separação é evitada a par-*

> tir do preenchimento do espaço potencial com o brincar criativo [...]. Esse espaço potencial é extremamente variável de indivíduo para indivíduo e seu fundamento está na confiança experimentada por um período suficientemente longo, no estádio decisivo da separação entre não-eu e o eu, quando o estabelecimento de um Eu (self) autônomo se encontra no estádio inicial (p. 151-152, grifo meu).

Assim, no início do desenvolvimento, o que existe são os objetos subjetivos que se constituem a partir da experiência de ilusão. À medida que o bebê pode suportar a desilusão, os objetos subjetivos são expulsos para fora da área de onipotência, vão ganhando externalidade até se tornarem não Eu, serão objetos objetivamente percebidos. O objeto transicional está no meio do caminho entre a experiência de ilusão e o objeto externo. Cabe ressaltar que só depois que o objeto pode ser considerado externo é que se torna possível falar em relações de objeto na teoria winnicottiana. Contudo, para além das relações de objeto, Winnicott postula o "uso do objeto" como a base da capacidade de estar só na presença do outro (Winnicott, 1971/1975).

Entretanto, ainda cabe uma questão sobre a localização dos objetos transicionais. Eles estão justamente no espaço potencial, lugar virtual onde se dá esse processo de externalização dos objetos que, segundo Winnicott, não está nem dentro nem fora. Mas onde estaria o espaço potencial em termos da tópica freudiana? Winnicott propôs uma nova organização tópica – dentro, fora e entre –, ou deu subsídios para uma terceira tópica, no sentido de que o espaço potencial pode encontrar lugar articulado com as tópicas freudianas? Não encontrando de imediato lugar para a noção de espaço potencial, surge a necessidade de revisar a tópica freudiana a fim de incluir essa borda, essa larga fronteira entre o que não está nem dentro, nem fora do Eu.

A ideia de uma terceira tópica em Winnicott é sugerida por Lins (1998), porém, em termos diferentes do que se deseja propor, essa autora apresenta essa terceira tópica "não em relação às duas tópicas freudianas, mas no sentido em que ela não se deixa definir nem como subjetiva nem como objetal – é uma tópica da intersubjetividade" (p. 19). Para essa autora, uma terceira tópica baseada em Winnicott tende a articular o subjetivo e o objetivo, revelando a dimensão intersubjetiva.

Entretanto, tendo em vista os limites do diálogo entre Freud e Winnicott propostos neste trabalho, que enfatiza a ideia de que esses autores trabalham com dois diferentes níveis de apreensão do *self*, desejo propor aqui uma relação de suplementariedade entre as duas tópicas freudianas e a winnicottiana. Ou seja, proponho certa proximidade entre o espaço transicional e o aparelho psíquico, na medida em que ambos se constituem com a finalidade de lidar com a realidade e com as presenças e ausências do objeto, sendo o objeto externo um ponto de contato entre eles. Porém, não se imagina a redução de um objeto ao outro, tampouco a integração ponto a ponto de uma tópica na outra. Isso porque, enquanto Freud pensa os espaços que formam o aparelho psíquico, Winnicott pensa o espaço que sustenta o desenvolvimento emocional. Contudo, antes de situar essa suplementariedade graficamente, apresento as contribuições de Green para o debate acerca dos espaços psíquicos e retomo esse ponto adiante.

Os subsídios de André Green para uma reorganização da tópica

Green (1990) considera o campo transicional proposto por Winnicott uma grande ideia, pois acaba com o dilema interno ou externo ao transformar o limite num território de trocas e transformações e estabelece a noção de "entre". Em 2002, Green pondera:

> Os desenvolvimentos teóricos das últimas décadas em psicanálise têm enriquecido nossa teorização pela associação dos fundamentos clássicos (tópicas do aparelho psíquico) com categorias novas (o transicional). Pois a referência à tópica fez aparecer a necessidade de se levar em consideração a compatibilidade entre os estados de separação e reunião, a natureza das relações do Eu--objeto, os registros de funcionamento do Eu, isso que se chama de metapsicologia dos limites e mais exclusivamente de espaços (p. 294, grifo do autor).

Na já clássica passagem do texto *O analista, a simbolização e a ausência no contexto analítico* (1975), Green indica a necessidade de uma nova tópica ao escrever: "Somos agora confrontados com um terceiro modelo topográfico elaborado a partir do espaço analítico em termos do *self* e do objeto" (p. 58). Muito embora o interesse de Green pela tópica psíquica (que caracteriza a metapsicologia dos limites) já estivesse presente desde então, ao longo dos anos que sucederam essa afirmação, em vez de propor uma nova tópica, Green vai se concentrar em refletir acerca do trânsito entre os espaços, outro aspecto da metapsicologia dos limites.

Para esse autor, falar de limites é falar de espaços; é falar do ponto de vista tópico. Entretanto, em psicanálise, fazer referência à tópica sem o ponto de vista dinâmico seria como falar de um espaço morto; "todo o problema da pulsão é que se trata de uma excitação que se põe em movimento e transpõe um espaço" (GREEN, 1990, p. 17). É sobre isso também que Freud escreve no *Projeto*. Desse modo, continua Green: "o interesse de todo limite é não somente delimitar dois espaços, mas, sobretudo, ver quais serão as passagens, as transgressões que poderão ocorrer de um espaço para outro, e nos dois sentidos" (p. 19).

Para fazer essa reflexão, Green (1990) propõe um esquema que articula a primeira e a segunda tópicas, dando ênfase às passagens entre os lugares psíquicos. Aliás, é, sobretudo por meio dessa ênfase que o esquema de Green se diferencia e enriquece o esquema de Freud, proposto na Parte II de *O Ego e o Id* (1923/1989q). Além disso, é claro, articula o esquema de Freud com a teoria representacional.

Green (1990) introduz também a noção de duplo limite: o natural (limite entre psique e corpo) e o cultural (limite entre o Eu e o outro). Mais adiante, Green (2002) retoma o tema em nova versão: o limite vertical separa o dentro e o fora, recaindo sobre o intersubjetivo; já o limite horizontal se coloca entre o consciente e o inconsciente, recaindo sobre o intrapsíquico. O limite entre o dentro e o fora ganha especial relevo com a noção de indiferenciação primária proposta por alguns autores, entre eles Winnicott. Essa noção implica a ideia de que o limite entre o dentro e o fora é algo que deva ser constituído e que as vicissitudes dessa constituição podem ser relacionadas com certas patologias. Ainda é importante considerar que o estabelecimento pouco consistente do limite vertical compromete a consistência da diferença entre consciente e inconsciente: limite horizontal. Desse modo, como Brusset (2005) bem destaca:

120 PROPOSTA DE REORGANIZAÇÃO DA TÓPICA

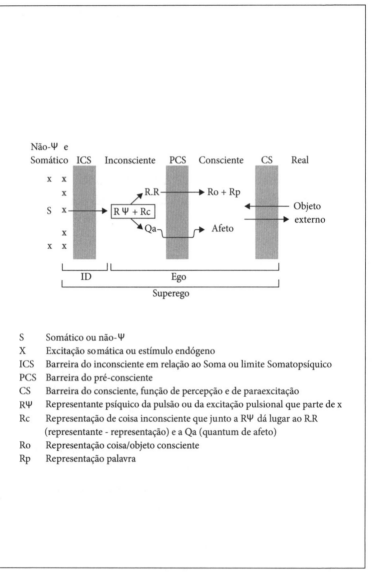

Figura 2.1 Esquema de articulação entre a primeira e a segunda tópicas.
Fonte: adaptada de Green, 1990.

> Na obra de André Green o limite é uma zona de fronteira, efeito e lugar das ações de operações psíquicas organizadoras fundamentais [...]. O primeiro limite, vertical, estabelece a diferenciação eu-outro, eu-objeto contra a fusão, a desdiferenciação, fator de problemas de identidade. A dupla reviravolta tem aí um papel organizador sobre aquele em que o autor tem sempre insistido a partir de sua definição do narcisismo primário como estrutura (em que a topologia será a banda de Moebius). O limite vertical assim constituído torna possível o segundo, que assegura o funcionamento do aparelho psíquico (p. 38, grifo meu).

Ainda que Green enfatize sobremaneira os processos de troca entre os espaços, é possível afirmar que ele dá subsídios para a proposição de uma nova tópica. Assim como nos aponta Candi (2008), essa tópica poderia ser denominada "tópica da clivagem". Isso porque quando os limites não se constituem de modo consistente, predominam várias formas de clivagem: entre o self e a realidade externa, entre os afetos e as representações, entre os vários núcleos do Eu. Essas cisões impedem que os espaços psíquicos se organizem numa estrutura capaz de administrar as excitações provindas tanto das pulsões como dos objetos internos e externos. Roussillon (2012b) vai apontar como essas cisões não ocorrem como defesas contra certas ligações, mas como uma falta de integração do conjunto pela ausência de vivências significativas e de um outro-sujeito que as interprete.

Como consequência do pensamento de Green sobre os trânsitos psíquicos, sua maior contribuição para a metapsicologia dos limites, em sua própria opinião, será a ideia de processos terciários. Green (1995a) aponta que a existência dos processos terciários é importante, pois significa que os processos secundários estão limitando os primários e vice-versa. Isso reflete que a predominância excessiva de qualquer um deles seria danosa para o sujeito: "Por processos terciários compreendo os processos que colocam em relação os processos primários e os secundários de tal modo que os processos primários limitam a saturação dos processos secundários e os processos secundários dos processos primários" (1995a, p. 152). Mais adiante, articula a ação dos processos terciários à plasticidade da função objetalizante (que será vista a seguir), oferecendo ao sujeito objetos substitutivos.

Para Green (2003), toda estrutura psíquica se baseia numa terceiridade, mesmo numa relação dual: para que se forme uma estrutura psíquica há sempre um outro ausente. "O ego-sujeito é o que assenta os processos terciários, processos que propus para definir como a conexão entre os produtos dos processos primários e secundários" (p. 17). Adiante, Green esclarece: "os processos terciários são processos que funcionam como intermediários e vinculam os processos primários e os secundários" (p. 39). Esses são os que permitem o processo de análise, e a falta deles resulta no que Bion denominou "ataque ao vínculo", o que em termos winnicottianos seria a incapacidade de brincar ou a falta de uma área transicional.

Na compreensão de Urribarri (2008), os processos terciários são processos de ligação que permitem a passagem de um sistema a outro; são processos envolvidos na capacidade de representar e de pensar e que se caracterizam por sua imaterialidade. Ainda segundo esse autor, os processos terciários consistem na descrição de uma transicionalidade intrapsíquica. Na clínica, os processos terciários produzem simbolizações a partir do encontro da dupla analítica (nesse sentido, se aproximam da ideia de terceiro analítico desenvolvida por Ogden [1996]).

A primeira menção de Green aos processos terciários data de 1972, justamente em um colóquio que se debruça sobre a questão da "normalidade psíquica". Nesse sentido, podemos considerar que os processos terciários se diferem da ideia de uma "tópica da clivagem" primeiramente porque os processos terciários dizem respeito à dinâmica psíquica, mas também porque a "tópica da clivagem" parece estar sendo considerada numa dimensão mais patológica do que constitutiva. Já a proposição de processos terciários tem a ambição de corresponder ao funcionamento "normal" do psiquismo, cujas falhas podem resultar em certas patologias, bem como em certas configurações tópicas, incluindo a clivagem.

A principal referência de Green para o desenvolvimento da ideia de processos terciários é o linguista C. S. Pierce, que define: "terceiridade é a relação triádica existente entre um signo, seu objeto e a interpretação; embora seja ela mesma um signo, é um signo que media o intérprete e sua origem" (Pierce, apud Green, 2004b, p. 113). Tal definição leva Green a pensar sobre a importância da interpretação, ampliando o seu sentido. Nesse contexto, ele escreve:

> Além do mais, interpretar não é apenas acessar ou dar significado; é também, por meio do seu verdadeiro exercício (atuando como terceiro fator), demonstrar a possibilidade de proceder a uma substituição do sujeito pelo intérprete e avançar no processo de tal forma que o interprete possa fazer esse papel para outro intérprete. Parece-me que este é um achado essencial: a conexão de interpretações, junto com substituição e dinâmica. A relação entre sujeito e objeto deve não apenas ser transformada pela operação de um intérprete, a relação deve também tornar acessível o campo da interpretação, destinando-a a outro intérprete (Green, 2004b, p. 131).

A interpretação parece, desse modo, uma espécie de elo do nó borromeano, atando um signo a um traço mnêmico, porém constituindo-se como um terceiro elemento, uma criação. Contudo, o que Green mais enfatiza é o caráter dinâmico desse elo, que está em constante processo de deslocamentos e substituições. A interpretação como criadora de sentido será examinada no Capítulo 4.

O trabalho do negativo e a estrutura enquadrante

Embora Green considere a noção de processos terciários a sua principal contribuição para a metapsicologia dos limites, a meu ver, a noção de estrutura enquadrante, formada pelos movimentos do trabalho do negativo relacionado às funções objetalizantes e desobjetalizantes, é a fundamental. Por meio do desenvolvimento dessa ideia, Green demonstra como as presenças e ausências do objeto externo contribuem para a criação de um espaço psíquico – espaço esse que será o responsável pela tradução das pulsões e dos objetos externos subsequentes em representações que constituirão as demais fronteiras do aparelho psíquico, atando o intersubjetivo ao intrapsíquico de modo irrevogável.

A estrutura enquadrante é fruto dos movimentos de presença e ausência do objeto, por meio dos quais se aproxima da identificação, e também uma forma de lidar com a ausência do objeto:

> *A perda do seio, contemporânea à apreensão da mãe como objeto total que implica que o processo de separação entre a criança e esta tenha se realizado, dá lugar à criação de uma mediação necessária para paliar os efeitos de sua ausência e sua integração ao aparelho psíquico, isto fora da ação do recalcamento, cuja fina-*

lidade é diferente. Essa mediação é a constituição, no Eu, do quadro materno como estrutura enquadrante (Green, 1966-1967, p. 125).

Segundo Green (1966-1967), a introjeção no processo de identificação como forma de lidar com a perda do objeto se confunde com a inscrição da estrutura enquadrante, constituindo aí a matriz das identificações e coincidindo com o desaparecimento do objeto e com o nascimento do Eu:

> *O auto-erotismo marca a independência com respeito ao objeto: a alucinação negativa marca com a percepção total do objeto a colocação fora-de-mim deste, sucedida pelo eu-não-eu sobre o qual fundar-se-á a identificação [...]* a mãe é tomada no quadro vazio da alucinação negativa, e torna-se estrutura enquadrante para o próprio sujeito. O sujeito edifica-se ali onde a investidura do objeto foi consagrada no lugar de seu investimento. *Tudo está então no lugar para que o corpo da criança possa vir a substituir o mundo externo (Green, 1966-1967, p. 135, grifos do autor).*

Desse modo, a estrutura enquadrante é o que o bebê pôde internalizar da experiência com a mãe, uma representação de onde vai sumir todo o conteúdo figurável, restando apenas uma moldura, espaço onde vão se inscrever outras representações (Green, 1990, p. 122).

De acordo com Green (1995a), a principal função do objeto externo é participar da formação da estrutura enquadrante. Ele escreve:

O objeto externo cria uma internalização fixa, isto é, ele imprime no aparelho uma matriz fundamental destinada a se implantar profundamente nele, a constituir o que eu chamo de estrutura enquadrante que abrigará todas as formas subsequentes de objetalidade e, ao mesmo tempo, de ser iniciadora do deslocamento. Eu considero esse deslocamento como uma propriedade fundamental da objetalização substitutiva, enquanto é capaz não somente de proceder às transformações do objeto, mas, no seio desse processo, proceder à criação de objetos a partir de suportes que não estão, originariamente, em relação direta com o objeto (p. 204).

Em diversas passagens, Green enfatiza a importância do objeto externo para a constituição do psiquismo. Mas enfatiza também que a sua ausência é igualmente importante para a constituição da estrutura enquadrante, em que a alucinação negativa – representação da falta de representação – tem importância fundamental. Acerca de como esse processo se dá na relação com a mãe, Green (2003) comenta:

[...] a mãe, como quem oferece holding *ou como* container, *experimenta uma alucinação negativa de si mesma como um corpo separado. As qualidades reguladas através das experiências de prazer-desprazer são transformadas no mundo interno, enquanto a* holder- -container *torna-se, através dessa alucinação negativa, a estrutura de suporte que vai formar a tela para a projeção do mundo interno, e a sua elaboração das experiências posteriores. Dessa perspectiva, a realização alucinatória de desejo requer a constituição da tela que*

é proporcionada pela alucinação negativa que constitui uma estrutura enquadrante. Este quadro estrutural é o reverso do lado constituído pela realização alucinatória de desejo (p. 24).

Nessa passagem, podemos observar como Green, tomando pulsão e objeto como par inseparável, aproxima o *holding* da realização alucinatória de desejo, colocando lado a lado a teoria pulsional da teoria das relações de objeto. Além disso, Green (1995a) concebe a função enquadrante como o resultado da relação de objeto primária e da alucinação negativa. A mãe é perdida, mas em contrapartida há um ganho considerável, um espaço psíquico, lugar das representações simbólicas. Nesse contexto, o Eu resulta da distinção necessária (Eu-objeto) criada pela perda do objeto que ocasionou satisfação. Para Green, essas observações derivam do artigo sobre *A negação*, de Freud (1925/1989t), no qual a representação da realidade depende da perda do objeto. Nesse sentido, ele afirma: "o sujeito é então a representação de objeto", pois esses objetos são condição do julgamento de existência e do ser. Ainda, "o ser ao qual nos referimos não pode surgir [*naître*] ou ser reconhecido [*con-naître*] senão por meio da estrutura enquadrante, guardiã de sua vida psíquica e condição de sua simbolização" (1995a, p. 266).

Contudo, a formação da estrutura enquadrante não depende apenas da existência da mãe como objeto externo; depende, sobretudo, da qualidade dessa relação. Ao apontar para a qualidade da relação esse autor se aproxima de Winnicott. Green (1980/1988c) escreve:

[...] ora, o apagamento do objeto materno transformado em estrutura enquadrante é conseguido quando o amor do objeto é suficientemente seguro para desempenhar este papel continente do espaço representativo [...] *o espaço assim enquadrado, constituindo o receptáculo do Eu, circunscreve, por assim dizer, um campo vazio a ser ocupado pelos investimentos eróticos e agressivos sob forma de representações de objeto* (p. 265, grifo meu).

Assim, quando algo compromete essa relação, como um luto branco similar aos dos casos-limite, esse espaço não se constitui de forma consistente, e a formação do Eu fica comprometida. Um dos problemas futuros gerados por esse tipo de comprometimento é que essa estrutura, formada a partir da ausência do objeto, é também o que dá suporte às ausências:

> O que é da maior importância é a construção introjetada de uma estrutura de enquadramento, análoga aos braços da mãe no holding. Esta estrutura de enquadramento pode tolerar a ausência da representação porque dá sustentação ao espaço psíquico, como o continente de Bion. Enquanto a estrutura de enquadramento "dá suporte" à mente, a alucinação negativa pode ser substituída pela gratificação alucinatória do desejo ou pela fantasia. Mas quando o bebê é confrontado com a experiência da morte, a estrutura torna-se incapaz de criar representações substitutivas – ela abarca o vazio, o vácuo (Green, 2003, p. 83-84).

Green adverte que, além da qualidade da relação, é preciso que haja uma cena dramática proposta pelos pais que produza simbolismos. Para esse autor, o objeto externo precisa ser o objeto de satisfação, precisa estar pulsionalmente vinculado. Nas estruturas psicóticas e limites, em vez da dramatização simbolizante, há uma atuação dessimbolizante que não propicia a constituição de tal estrutura (1995a). Aqui, Green procura articular a qualidade da relação que ele localiza na experiência à "mãe suficientemente boa", de Winnicott, e à constituição de um objeto pulsional que, em termos freudianos, permitem descarga, mas que, sobretudo, em seu jogo presença-ausência, constituem o psiquismo.

Assim, embora enfatize a importância do objeto externo, Green não o considera absoluto, mas sim um articulador do dentro (pulsional) e do fora (objetal). O objeto externo não é absoluto porque a percepção do objeto nunca é livre da fantasia, e, de certo modo, a fantasia é justamente aquilo que permite a ligação pulsional com objetos não primários por meio dos deslocamentos.

A condição de existência da estrutura enquadrante será a função objetalizante. Para Green (2008), essa função e sua antagonista, a função desobjetalizante, podem encontrar fundamentos na segunda teoria das pulsões, especialmente nas ideias de ligação e desligamento do Eu em relação aos vários objetos, tanto internos como externos. Para Green (2000a), a ideia de ligação e desligamento é muito importante, porém, segundo esse autor, o único erro de Freud ao introduzir a pulsão de morte (desligadora) em oposição à pulsão de vida (ligadora), para explicar a compulsão à repetição, foi pensá-las como espontâneas, como independentes do objeto; pois, para Green, a qualidade das pulsões é inseparável da qualidade dos objetos a que elas se ligam.

Green (1995a) compreende a função objetalizante como a capacidade de a mente humana estar constantemente criando novos objetos de investimento; é a capacidade de transformar não apenas objetos (concretos), mas qualquer atividade ou função da mente em um objeto de investimento. Green (1990) exemplifica:

um *voyeur* se transforma em fotógrafo, o objeto não é apenas a fotografia, mas seu interesse pela fotografia. Nesse contexto, afirma: "o papel da pulsão de vida é assegurar uma função objetalizante, isto é, ligar a pulsão de amor ao objeto" (p. 75); assim, objeto e pulsão são suplementares.

Contudo, a função objetalizante diz respeito não só a uma ligação ao objeto, mas a uma criação de um objeto. Como sugere Winnicott ao falar do objeto transicional, seria uma espécie de operação projetada para promover uma possessão interna do Ego (Green, 1995a, 2003).

Assim, o Ego não será deixado com seu narcisismo funcionando no mesmo ponto devido aos limites que são impostos à satisfação instintiva. Dessa maneira, o fracasso das limitações à custa de satisfação é capaz de proporcionar traços tal – como – objeto às catexias, de lhes proporcionar a forma de objetalização como uma memória, de tal forma que o Ego pode se reconhecer numa representação constantemente renovável [...] (Green, 2003, p. 29).

Assim como o objeto contribui para a formação do Eu por meio da formação da estrutura enquadrante, o Eu é sede da função objetalizante, e por meio dela cria objetos: "o Eu não se contenta em transformar o estatuto dos objetos com os quais ele entra em relação, ele cria os objetos a partir da atividade pulsional quando esta o toma como objeto" (Green, 1995a, p. 225). Anos depois, Green (2008) acrescenta que, dessa forma, as funções psíquicas adquirem *status* de objetos; esses objetos se tornam, assim, possessões do Eu que servem ao narcisismo de vida. E é por esse caminho que podemos compreender a afirmação de Green (1995a) de que a função objetalizante tem relação com as fronteiras do psiquismo, com a constituição do Eu e com a diferenciação Eu/Outro.

Para Green (1995a), uma das funções essenciais do objeto é ajudar na transformação das pulsões; o caminho do objeto conduz sempre à pulsão. Green não nega a máxima freudiana de que a pulsão se expressa no psiquismo como exigência de trabalho. Contudo, tem como hipótese que o objeto é o agente que põe em trabalho no sujeito a função objetalizante, que se caracteriza pela capacidade de deslocamento e metaforização ilimitados, podendo sacrificar todas as características que ligam o sujeito aos objetos primitivos para chegar ao prazer.

Assim como a pulsão de vida tem uma função objetalizante, para Green (1990, 2003), a pulsão de morte, de desligamento, tem então uma função desobjetalizante, pois a pulsão de morte desqualifica o objeto, retira sua singularidade e o torna anônimo; ele continua lá, mas nós nos esquecemos dele. A função desobjetalizante transforma um objeto específico num objeto qualquer por meio de um desinvestimento, assim sua destrutividade tem mais relação com o nada do que com a agressão.

> *Ou o representante psíquico destrutivo se alia à representação de coisa, e vocês terão no material elementos de destrutividade e de ódio visíveis que poderão sempre tentar analisar ou reverter, ou, então, o representante psíquico não vai se ligar a uma representação de coisa, mas vai destruir a capacidade representativa, de modo a romper os vínculos com a coisa, e aí vocês terão a verdadeira destrutividade: a destrutividade do vazio, a destrutividade do desinvestimento, a destrutividade do "branco", a destrutividade da "anobjetalidade" e da*

> *ruptura da relação com o objeto externo e o objeto interno (Green, 1990, p. 58).*

Para Green, as psicoses, as doenças psicossomáticas e o autismo infantil são o resultado da função desobjetalizante, obra da pulsão de morte. Suas formas extremas têm relação com o que Green denomina "narcisismo negativo", ou "narcisismo de morte". Ao relacionar as funções objetalizantes e desobjetalizantes com os processos de formação do Eu, Green (2008) procura explicitar melhor seus conceitos de narcisismo positivo (de vida) e negativo (de morte). Ele afirma:

> *Não é somente a relação de objeto que se encontra atacada, mas também os substitutos desta, no limite, o próprio Eu. No final das contas, é o investimento enquanto o que suporta o processo de objetalização que está em jogo. A manifestação que nos parece própria da destrutividade da pulsão de morte é o desinvestimento (Green, 2008, p. 153).*

E continua afirmado que se trata de um processo muito mais radical do que o luto, e relaciona essa atividade ao narcisismo negativo, chegando assim a uma concepção dual de narcisismo: o narcisismo positivo que aspira à unidade do Eu e o narcisismo negativo que aspira ao nível zero de investimentos. Para Green (2008):

> *O narcisismo negativo, pode-se ver, é uma espécie de medida extrema, a qual, após ter desinvestido os objetos, se transporta, se tiver necessidade, sobre o próprio Ego, e o desinveste [...] trata-se de uma estrutura narcísica negativa onde o próprio Ego se empobrece e se*

desagrega ao ponto de perder sua consistência, homogeneidade, identidade e organização (p. 271).

De acordo com Figueiredo (2005), a ideia de função desobjetalizante tem de fato a intenção de substituir o termo instinto, ou mesmo pulsão de morte, usado impropriamente. Green (2002, 2003) enfatiza que essa função não é necessariamente patológica, sendo até vital desde que em certo equilíbrio com a função objetalizante.

Para Green (2002), o estudo dos casos-limite remete à centralidade da pulsão de destruição, pois neles, como será visto adiante, observamos como o desinvestimento objetal resulta numa regressão narcísica que promove uma desintrincação das pulsões. Contudo, antes de nos determos nas contribuições de Green para a clínica-limite, ainda será útil esclarecer os conceitos de trabalho do negativo e alucinação negativa.

Green relaciona tudo o que se refere à ausência ou lacuna ao negativo (1994, 2003). Entretanto, o conceito de trabalho do negativo em Green é de difícil apreensão, pois ele engloba tanto acontecimentos constitutivos como destrutivos do psiquismo. "Quanto mais o trabalho do negativo se aproxima do representante psíquico da pulsão, mais a vida está em perigo. Ao contrário, quanto mais o trabalho do negativo se aproxima da repressão, mais a pulsão de vida está em ação" (Green, 1990, p. 81). No primeiro caso, trata-se de um desinvestimento; no segundo, aproxima-se mais da estrutura enquadrante.

Green procura mostrar como sua noção de negativo pode ser encontrada em outros autores, como Freud, Winnicott e Lacan. Nesse sentido, Green (1990, 1999b) retoma que a negação deixa de ser uma função do Ego ou uma atividade defensiva, quando Freud relaciona a negação com a pulsão de morte. Contudo, nesse caso, não se trata do conteúdo agressivo, e sim da recusa em levar a pulsão em consideração para excluí-la da psique. Desse modo, a pulsão de morte também se relaciona com a forclusão e o mecanismo da recusa. Para esse autor, o inconsciente também implica uma ideia de negativo, o que não é consciente, o latente que está invisível na cena, mas opera. Na identificação também há o negativo: a relação de objeto é o positivo, ao passo que a identificação é uma forma de lidar com uma ausência, é um produto da perda da relação. O reprimido também é algo negativado, que se relaciona com a ideia de Freud de que a neurose é o negativo da perversão, pois, na perversão, onde não se reprime, se atua. A ausência, comum em Lacan e Winnicott, está diretamente relacionada ao negativo. Para Green (2003), os aspectos positivos do negativo estão também no *holding*, na medida em que este proporciona a criação de uma representação da mãe: "O conceito de espaço potencial é um dos exemplos mais notáveis de como Winnicott pensava o problema do negativo sem realmente rotulá-lo ou fixar uma definição precisa" (p. 5).

Segundo Green (2008), o trabalho do negativo aparece no conceito de defesa, de recalcamento, da recusa e da negação, que por si já justificaria o conceito de trabalho do negativo. Já Winnicott intuiu o negativo por meio dos objetos e fenômenos transicionais, quando comenta, em *O brincar e a realidade* (Winnicott, 1971/1975), que para uma criança que sofreu experiências desorganizadoras "somente o negativo é real". Ou, ainda, quando Winnicott afirma que se a separação se prolonga para além do tempo de tolerância da criança, ocorre um desinvestimento do objeto e este acaba por desaparecer da psique, restando apenas um vazio ou um vácuo. Por outro lado, Green (2008) considera que uma das aplicações mais fecundas do conceito de negativo é a situação que Winnicott descreve como *holding*: uma estrutura continente que permanecerá quando a mãe não estiver disponível e tornará a mãe estrutura enquadrante. No entanto, Green (2003) também articula o negativo com a patologia quando há a falência prematura da experiência de ilusão. Ele escreve:

> Winnicott sugere que experiências traumáticas que colocam à prova a capacidade de espera da criança em relação à resposta ardentemente esperada da mãe, conduzem, por falta dessa resposta, a um estado em que só o negativo é real. Além disso, a marca destas experiências seria tal que se estenderia a toda a estrutura psíquica e se tornaria independente, por assim dizer, dos aparecimentos e desaparecimentos futuros do objeto. Isso significa que a presença do objeto não poderia modificar o modelo negativo, que se tornou a característica das experiências vividas pelo sujeito (Green, 2003, p. 29).

Se a mãe fica longe além do limite, há um esmaecimento das representações internas, que Green (2003) relaciona com o negativo: uma representação da ausência de representação, uma alucinação negativa, ou, em termos de afeto, um vácuo, uma ausência de significado. No caso relatado por Green no texto citado, isso ocorreu em razão da separação da mãe não apenas no tempo em que esteve hospitalizada, mas no tempo em que esteve ausente – com a atenção ausente, quando estava presente, mas envolvida por uma depressão –, pois, como nos ensina Winnicott: transposto certo limite de tempo, a mãe está morta para a criança. Isso significa que nenhum contato pode ser restabelecido quando ela retorna, que também é o caso relatado por Winnicott na Parte III do Capítulo 1 de O brincar e a realidade (1971/1975), discutido por Green (2003) no texto sobre "A intuição do negativo em O brincar e a realidade".

Por outro lado, o trabalho do negativo também contribui para a construção de um vazio no sentido da estrutura enquadrante.

Figueiredo e Cintra (2004), numa leitura próxima e desconstrutiva dos Anexos III e IV do texto de Green *Trabalho do negativo* (1999b), apontam que o negativo emerge nesse autor como uma articulação entre o que a "psicanálise moderna" trouxe de novo, as relações de objeto, e o que Lacan pôs em descoberto na obra de Freud a partir de uma leitura inspirada em Hegel: a negatividade. Essa articulação é fruto de uma necessidade clínica, imposta por pacientes que não se explicam somente pelo jogo pulsional e nos obrigam a pensar sobre o papel do objeto. Esses autores ainda enfatizam que esse objeto tão fundamental para a constituição do psiquismo é o objeto passível de luto; objeto que pode ser perdido, ao contrário do objeto da melancolia, pois apenas o objeto que se permite apagar deixa um vazio em seu lugar, um vazio que, internalizado, se torna estrutura psíquica. Esse apagamento do objeto é denominado por Green de "alucinação negativa", fruto do trabalho do negativo que possibilita o estabelecimento de uma estrutura enquadrante.

A alucinação negativa da mãe como representação da ausência de representação é fundamental para a constituição do psiquismo. Para Duprac (2000), em Green, o estudo do negativo é uma imposição clínica posta pelos casos difíceis e limites. Pois, nesses, a não instalação da alucinação negativa do objeto primário impede a formação da estrutura enquadrante, que é o que distingue a neurose dos quadros não neuróticos em suas gradações.

> *O ponto essencial da teoria de Green é, pois, este momento em que o sujeito criança pode negativizar a presença da mãe, a fim de criar, para si, a partir desta presença, uma estrutura enquadrante que lhe permiti-*

rá formar o fundo onde virão se inscrever suas representações e o jogo de seu auto-erotismo [...] uma vez constituída, a alucinação negativa forneceu os limites de um espaço vazio, pronto a se preencher com conteúdos do auto-erotismo e das relações de objeto posteriores. Assim explicam-se, ao mesmo tempo, o aspecto auto-suficiente do narcisismo e sua estreita dependência face ao objeto, mascarado pelo trabalho do negativo (Duprac, 2000, p. 60-61).

Por outro lado, de acordo com Green (2008), a alucinação negativa também é a não percepção de um objeto ou de um fenômeno psíquico perceptível, é um apagamento daquilo que deveria ser percebido. Externamente, a representação indesejável é recusada; internamente, resta um vazio, um branco. A alucinação negativa do pensamento pode ser percebida em pacientes que não reconhecem uma interpretação e suas consequências, em que se observa uma dissociação entre a sonoridade das palavras e o seu sentido. A alucinação negativa é frequentemente encontrada nos casos-limite, que para esse autor coloca em evidência a ação automutiladora da pulsão de destruição em relação ao pensamento, à representação e à simbolização (Green, 2002).

A partir dessa ideia de constituição do psiquismo ligada à negativização do objeto, Green compreende a angústia de separação dos *borderline*. Isso porque esse objeto que não se torna ausente é por fim intrusivo, contribuindo para a vivência simultânea de sensações de perda e de intrusão. Nesse sentido, a presença maciça do objeto primário não permite o processo de simbolização (Figueiredo; Cintra, 2004), e, diante disso, restam saídas não representacionais, como as doenças psicossomáticas e a passagem ao ato.

Segundo Duprac (2000):

A originalidade de Green está em ter demonstrado que é, a partir da ausência sobre o fundo de presença, que o envelope esvaziado, mortificado, emprestado ao objeto, constitui, para o sujeito, a estrutura enquadrante de sua psique. Trata-se aí, reconhecemos, do fenômeno que ele descreveu como alucinação negativa do objeto primário (a mãe). A falta deste está na origem das patologias narcísicas mais graves (p. 59).

Duprac ainda continua sua explicação:

> *Este espaço interno, delimitado por uma barreira (Green vai até falar de um fracasso na constituição dos espaços psíquicos na psicose) não pode se construir senão pela negativização da presença da mãe ou do objeto em sua presença, graças à identificação projetiva e à reintrojeção de uma barreira protetora neutralizada sob o efeito de uma dupla inversão (p. 66).*

Urribarri (2002) resume as principais características e funções da estrutura enquadrante: é a matriz organizadora do narcisismo primário, estrutura de base do psiquismo que permite a separação do objeto; é o que estabelece o conteúdo psíquico mediante um duplo limite Eu/pulsão e Eu/objeto exterior, funcionando como uma interface entre o intrapsíquico e o intersubjetivo; é a primeira formação intermediária, que constitui o espaço potencial da representação; é o que estrutura a dimensão inconsciente do Eu e do pré-consciente como um espaço transicional interior; é a sede da função objetalizante e dos processos terciários; é a matriz de auto--organização psíquica na qual autoinvestimento e autorrepresentação se convergem, num princípio de unidade-identidade primária que estabelece a fonte da autorreferência, da reflexividade e do reconhecimento.

Ainda para Urribarri (2002), nos casos-limite a estrutura enquadrante pouco consistente transborda para um funcionamento evacuativo, projetivo e dessimbolizante (o que será descrito por Brusset (2006) como "funcionamento em exterioridade", como será visto adiante), e o objetivo do trabalho analítico com esses pacientes passará pelo espessamento desse limite. Urribarri (2002) escreve: "*Construção do continente psíquico e do pré-consciente como espaço transicional interno* e sede dos processos terciários se torna uma prioridade, é uma condição de possibilidade para análise do conteúdo. Como referência técnica, o sonho é substituído pelo jogo" (p. 211, grifos meus).

Note-se que a afirmação de Urribarri também sugere uma possível aproximação entre o espaço transicional com o aparelho psíquico, como já apontado, ainda que de modo suplementar.

Figueiredo (2005), ao acompanhar a leitura que Green (2003) faz de Winnicott, aproxima a estrutura enquadrante do espaço potencial. Ele escreve:

> *Ou seja, a estrutura enquadrante será um espaço de vida, um espaço potencial, apenas se nele os objetos transicionais puderem produzir seus efeitos transitivos e isso dependerá, como vimos, da sobrevivência do objeto interno em contraposição à experiência de morte decorrente de ausências insuportáveis (Figueiredo, 2005, p. 308).*

Embora essa aproximação seja compreensível, permanece a questão: para que Green precisa de um termo novo para um conceito já consagrado? Qual é a diferença que ele deseja marcar em relação a Winnicott? Talvez essa diferença esteja relacionada à origem: em Winnicott, o espaço potencial depende exclusivamente da experiência de ilusão de onipotência e de desilusão progressiva. Em Green, como já explicitado, a constituição da estrutura enquadrante está ligada ao jogo entre pulsão e objeto, sem excluir a importância dos movimentos de presença e ausência do objeto implicados na ilusão/desilusão, mas enfatizando a importância da pulsão que objetaliza o objeto, que enlaça o objeto externo transformando-o em objeto psíquico. Assim, proponho que, em termos tópicos, seja possível traçar uma relação entre o aparelho psíquico, o espaço transicional e a estrutura enquadrante; embora, em termos dinâmicos, uma não se reduza à outra, tendo, dessa forma, uma relação de suplementariedade.

Nesse sentido, proponho acrescentar ao esquema de Green, apresentado na Figura 2.1 – no qual ele articula as tópicas freudianas com a teoria representacional, enfatizando o trânsito entre os espaços –, a localização gráfica da estrutura enquadrante e o espaço potencial. Essa proposição tem a intenção de respeitar os limites do diálogo proposto por este trabalho e de retomar a forma mais "orgânica" do esquema apresentado por Freud em 1923, a fim de contribuir para uma ampliação da metapsicologia dos limites (Figura 2.2).

No esquema proposto, há três pontos de contato entre o que optei por denominar de "dois níveis de apreensão do *self*": o somático, o objeto externo e o apoio do espaço potencial no Ego. O somático é ao mesmo tempo produtor de estímulos endógenos em busca de satisfação por meio de objetos, como produtor de necessidades que, quando atendidas dentro de uma experiência de ilusão de onipotência, colaboram com a constituição dos objetos subjetivos. O objeto externo será um ponto de contato sempre que

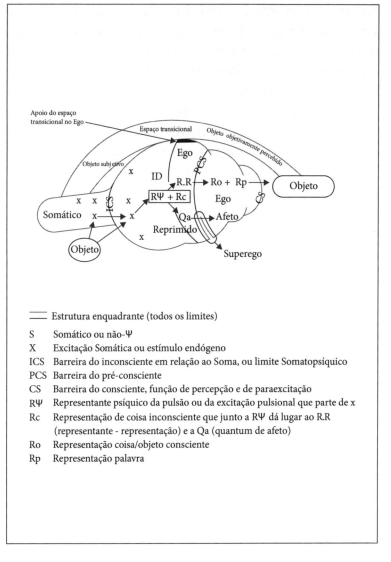

≡ Estrutura enquadrante (todos os limites)
S   Somático ou não-Ψ
X   Excitação Somática ou estímulo endógeno
ICS Barreira do inconsciente em relação ao Soma, ou limite Somatopsíquico
PCS Barreira do pré-consciente
CS Barreira do consciente, função de percepção e de paraexcitação
RΨ Representante psíquico da pulsão ou da excitação pulsional que parte de x
Rc Representação de coisa inconsciente que junto a RΨ dá lugar ao R.R (representante - representação) e a Qa (quantum de afeto)
Ro Representação coisa/objeto consciente
Rp Representação palavra

Figura 2.2 Localização gráfica da estrutura enquadrante e do espaço potencial.

houver uma coincidência entre o objeto da necessidade que satisfaz a ilusão de onipotência e o objeto da pulsão, como procurei argumentar anteriormente. Ainda cabe comentar que essa coincidência permite o desenvolvimento conjunto desses dois processos paralelos, e que desse desenvolvimento conjunto depende a existência do terceiro ponto de contato: o apoio do espaço potencial no Ego. Esse apoio se evidencia numa ideia de Winnicott expressa numa citação presente no início deste capítulo, que afirma que a constituição do objeto transicional e, portanto, do espaço potencial, se apoia nos primórdios da atividade mental, no emprego das satisfações autoeróticas e no recordar, reviver, fantasiar e sonhar: todas funções do Ego. Talvez, para uma melhor representação do que desejo propor, seria necessário utilizar um modelo em três dimensões, ou quiçá em quatro, incluindo desse modo o trânsito entre os espaços, ao longo do tempo.

Um segundo objeto que aparece no esquema, ao lado do somático, tem a intenção de contemplar a proposta de Green de que os objetos – e não apenas os estímulos endógenos que provêm do somático – fazem também uma exigência de trabalho ao psíquico, constituindo o que talvez possamos denominar de "estímulo exógeno".[2]

Terceira tópica

Embora as contribuições de Green para a metapsicologia dos limites sejam essenciais, considero importante introduzir algumas

---

2 Uma ideia não muito distante da de Green pode ser encontrada em Laplanche, quando este desenvolve sua teoria sobre a "sedução generalizada"; ou em Lacan, que afirma que o circuito pulsional só se completa quando há um investimento materno que enlaça a pulsão.

ideias de Brusset (2005, 2006, 2013), a fim de tecer mais algumas amarrações no sentido de pensarmos numa terceira tópica.

Brusset realiza uma reflexão acerca do que poderia ser uma terceira tópica, numa tentativa de continuidade tanto com Freud[3] como com Green. Também me permite retomar a questão, deixada em aberto anteriormente, acerca da transformação do Id numa fronteira entre o psíquico e o não psíquico e do aparelho psíquico como a parte organizada do self – self este que inclui o não psíquico. Essas ideias são claramente inspiradas na proposta de Green, de 1975, não desenvolvida por ele, de que uma nova tópica está por surgir entre o self e o objeto.

De acordo com Brusset (2006), as questões colocadas pela noção de relação de objeto relacionada ao modelo pulsional dão a medida do pluralismo teórico da psicanálise contemporânea, que comporta um risco duplo: a deriva empirista e o ecletismo inconsistente. Entretanto, para esse autor, essa é uma questão mais global e não se resume à escolha entre um ou outro modelo metapsicológico. Dessa problemática, relacionada à articulação do modelo pulsional, do modelo das relações de objeto e dos dados clínicos atuais, é possível extrair uma metapsicologia dos limites ou das relações/ligações (du lien) que trata das vicissitudes do self e dos objetos, o que pode nos dar um fundamento teórico para as organizações não neuróticas.

Por outro lado, Brusset destaca que a contestação do reducionismo freudiano aparece como uma valorização das relações humanas e da intersubjetividade, que implicou o afastamento do modelo pulsional. Para Luzes e Amaral Diaz (apud Brusset, 2006), o ultrapassamento da alternativa naturalista da pulsão e do psicologismo

---

3 Segundo Brusset (2003) encontramos no conceito de eu-prazer purificado (FREUD, 1915/1989k) a descrição da diferenciação interno e externo que remete a essa tópica que é denominada ele.

das relações de objeto demanda uma mutação epistemológica. Contudo, Brusset (2006, p. 1240-1241) afirma ter demonstrado em seu livro *Psychanalyse du lien* (2005) que não há incompatibilidade entre essas duas perspectivas, embora a confrontação entre elas nos leve a novos modelos teóricos de grande importância que o inspiram a pensar numa nova tópica. Entretanto, Brusset adverte: melhor do que tentar obter imediatamente uma terceira tópica dentro do quadro da metapsicologia freudiana seria situá-la inicialmente em sua coerência própria de "tópica externa", a partir da qual ela encontrará seu lugar. Segundo Brusset (2006):

> *Não se trata de descrever tantas metapsicologias quantos os modos existentes de organização patológica e multiplicar os modelos, e muito menos de integrá-los a uma teoria geral unificada, mas o respeito de sua coerência interna não impede de buscar articulações entre eles e com a teoria freudiana. A ideia de uma tópica externa, tópica da clivagem, tópica interativa, terceira tópica que aparece em vários autores há alguns anos resulta disso diretamente. Defini-la como terceira tópica mais do que como uma nova tópica indica o projeto de encontrar continuidade com aquilo que foi apenas esboçado por Freud [...]. Por outro lado, o ponto de vista tópico dá conta das diferenças de lugares, espaços e temporalidade psíquica a partir das quais a economia e a dinâmica pulsional em suas transformações psíquicas ganham sentido. Como essas [diferenças] estão sempre em jogo desde o início da metapsicologia, os modelos tópicos não têm uma topografia e uma cartografia fixas, e sua pertinência não se limita a esta ou àquela forma de psicopatologia (p. 1275-1276).*

Para Brusset (2006, 2013), a terceira tópica é o resultado da articulação entre o intrapsíquico de Freud e o intersubjetivo do modelo transicional; da identificação projetiva; da noção de indiferenciação primária; além da clínica com pacientes-limite, que ele sugere denominar "pacientes com funcionamento psíquico em exterioridade".

> [...] *a utilização dos comportamentos, das sensações (como a excitação ativamente produzida e mantida) e disfunções consecutivas do corpo se efetuam em substituição de um aparelho psíquico como uma espécie de neo-funcionamento em exterioridade. Trata-se de um destino das excitações pela falha de outras possibilidades (Brusset, 2013, p. 114).*

Ou seja, funcionamentos psíquicos em que o que está fora do aparelho psíquico, no plano corporal, sensorial e dos comportamentos, têm muito mais peso na dinâmica dos acontecimentos. Para Brusset (2006):

> *Em análise, nos funcionamentos psíquicos em exterioridade, o espaço psíquico entre o self [Soi] e o objeto, cujos limites são o lugar dos processos de transformação e de simbolização, está em primeiro plano, e é a partir dele que ganham sentido os pontos de vista dinâmicos e econômicos, de forma que a terceira tópica, se nós admitimos a tese, é senão um aspecto da metapsicologia das ligações pulsionais. Essa, longe de invalidá--las, dá novas perspectivas às tópicas freudianas que encontram secundariamente todo seu interesse quando se encontra constituído um espaço psíquico organizado*

no qual a conflitualidade psíquica se exprime e se simboliza no processo analítico (p. 1277).

Desse modo, esse autor busca propor uma nova tópica em continuidade à teoria freudiana – uma terceira tópica que antecede a primeira (consciente/inconsciente) e que trata da diferenciação entre dentro e fora. Essa tópica pretende dar conta teoricamente dos efeitos das operações de recusa e de clivagem que produzem elementos que se localizam fora da rede psíquica. Por outro lado, pretende descrever o produto da cligavem e da recusa, que são constitutivas do aparelho psíquico e não apenas relacionadas a certas patologias. Dessa forma, Brusset (2006) destaca que:

> *A terceira tópica é uma modelização não redutível ao espaço interno ou intersubjetivo, e chamá-la de terceira tópica não implica a redução da pertinência das tópicas freudianas ao domínio exclusivo da neurose, perigo que poderia comportar a definição de um novo paradigma a partir da teoria dos estados-limites. Trata-se de dar conta das alterações dos limites dentro-fora,* self *e objeto, representação e percepção por meio de uma metapsicologia das ligações que integram os modelos das pulsões e os das relações de objeto [...]. A terceira tópica é um modelo mais geral da clínica que ilustra diretamente, e que ultrapassa, todo ponto de vista nosográfico. A questão é então saber se ela compreende um funcionamento psíquico universal, uma tópica primitiva, ou uma potencialidade que se atualiza ou não em função das inter-relações pais-crianças, eventuais traumatismos, testemunha de fatores socioculturais,*

*favorecendo, por exemplo, certos estilos de vida [...] a ideia proposta aqui é que a especificidade metapsicológica das organizações não neuróticas requer a definição de uma terceira tópica como um quadro geral da metapsicologia das relações [*liens*] (p. 1278-1279).*

Entretanto – apesar de insistir na ideia de uma terceira tópica comum à formação do aparelho psíquico em geral, que estaria em relação de anterioridade com a primeira –, Brusset (2006, 2013) aponta que a consideração desta é especialmente importante na compreensão dos pacientes-limite.

Na clínica contemporânea, certos modos de funcionamento e sua relação com a realidade externa não são explicados pelas primeira e segunda tópicas; nem pelo jogo de representação de coisa e de palavra, segundo o modelo do sonho e da neurose; nem pela estruturação edípica; nem pelo conflito entre instâncias ou no seio das instâncias. A clínica da identificação projetiva, da passagem ao ato, das somatizações, da transicionalidade, do continente e dos envelopes psíquicos tem ganhado interesse e forma o multicolorido campo das patologias-limite e das adições. Para essas, o campo comum é a angústia de intrusão e abandono, a problemática dos limites e a indiferenciação entre espaços. Para Brusset (2006), "suas faltas e falhas revelam características que podem ser teorizadas em termos de uma tópica primitiva, preliminar às outras duas" (p. 1219). Daí a proposta de inverter a máxima dos Botella (2002), mantendo o paradoxo, propondo que para os pacientes-limite temos: "somente fora, também dentro".

Green (2006) argumenta que a noção de ligação (*lien*) em que se baseia a terceira tópica proposta por Brusset é uma noção antiga na psicanálise, presente em Freud desde o Capítulo VI de *A interpretação dos sonhos* (1900/1989b) e seguida de contribuições importantes de Bion e Winnicott. Isso elimina qualquer originalidade de Brusset, e Green ainda questiona, sem responder, se a constatação de que certos pacientes não podem ser compreendidos por meio das duas primeiras tópicas justificaria a tentativa de construção de uma terceira. O curioso é que o próprio Green (1975) é referência fundamental para o argumento de Brusset, ao ter proposto a possibilidade de um "terceiro modelo topográfico" que contemplasse o objeto e o *self*. Será que estamos novamente diante de tensões políticas que encobrem os problemas teórico--clínicos?

Ao que parece, Green e Brusset estão falando de diferentes aspectos do funcionamento psíquico que talvez sejam complementares. Brusset dá ênfase ao aspecto tópico, que em termos greenianos talvez possa ser compreendido como o primeiro do "duplo limite". Isso marca a diferença entre Eu e Outro, que por sua vez marca a diferença entre interno e externo, sobre a qual se apoia todo o restante da organização psíquica. Uma indiferenciação entre esses dois campos não impede o estabelecimento de tal organização, mas certamente influencia intimamente as vicissitudes dessa organização, especialmente no que tange ao trânsito entre os espaços que irão se formar – aspectos que serão justamente o foco de atenção de Green.

A partir das considerações de Brusset, proponho retomar o esquema anterior a fim de incluir a terceira tópica. Além disso, proponho apresentar de que modo essa ideia se articula à proposta de transformação do Id numa zona de fronteira e o aparelho psíquico como a parte organizada do *self*, que inclui o não psíquico.

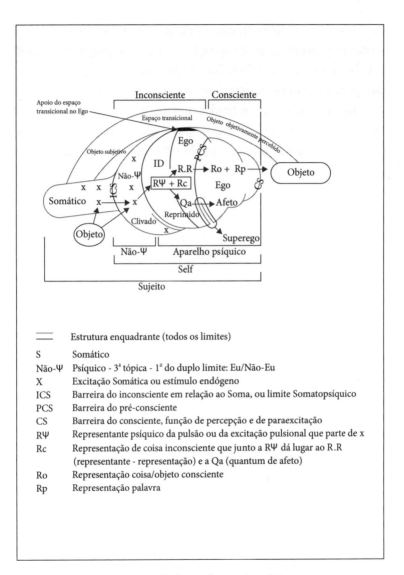

	Estrutura enquadrante (todos os limites)
S	Somático
Não-Ψ	Psíquico - 3ª tópica - 1º do duplo limite: Eu/Não-Eu
X	Excitação Somática ou estímulo endógeno
ICS	Barreira do inconsciente em relação ao Soma, ou limite Somatopsíquico
PCS	Barreira do pré-consciente
CS	Barreira do consciente, função de percepção e de paraexcitação
RΨ	Representante psíquico da pulsão ou da excitação pulsional que parte de x
Rc	Representação de coisa inconsciente que junto a RΨ dá lugar ao R.R (representante - representação) e a Qa (quantum de afeto)
Ro	Representação coisa/objeto consciente
Rp	Representação palavra

Figura 2.3 Inclusão da terceira tópica.

Na esteira de Brusset, esse esquema tem a intenção de representar uma proposta de concepção de aparelho psíquico e do *self* comum a todos os sujeitos. Não se imagina que os processos de clivagem e o não psíquico sejam uma exclusividade de certas patologias, mas sim que são predominantes e determinantes de certas dinâmicas em tais patologias, e a sua localização tópica tem a intenção de ampliar a compreensão e o tratamento dessas patologias-limite.

Laplanche (2003) desenvolve, a partir de alguns apontamentos de Dejours (2001, apud Tarelho, 2016), algumas considerações acerca da tópica da clivagem. O inconsciente "encravado" é formado, segundo esse autor, pelas mensagens enigmáticas dos adultos, permanecendo clivado. Segundo Tarelho (2016), leitor atento dos autores em questão, é importante fazer uma diferenciação: para Dejours, a clivagem ocorreria por um "acidente da sedução", por um excesso do adulto que produz um transbordamento ou até mesmo um desmantelamento do Eu que impossibilita a tradução de tal estímulo. Já para Lapanche a clivagem tem relação com o processo de recalcamento que instaura tanto o inconsciente do recalque (clivagem horizontal) como o inconsciente "encravado" (clivagem vertical), onde restam os elementos não traduzidos que, segundo Tarelho, só se explicam pela ação do Supereu em sua dimensão ideal e em sua dimensão de enclave.

Infelizmente, dado o escopo deste trabalho não será possível desdobrar a proposta de Laplanche – deixo esse desafio a cargo dos leitores interessados. Entretanto, quero enfatizar aqui que, para além de uma clivagem que se faz por excesso, como aponta Dejours, ou de uma clivagem estrutural, que faz parte da configuração do psiquismo, como aponta Laplanche, é importante estarmos atentos a uma clivagem que se faz a partir de uma ausência ou escassez da presença do objeto que satisfaça o investimento pulsional do bebê. Aqui a clivagem não é fruto de uma defesa, nem de um conflito, como nos casos em que uma representação ligada a um afeto é recusada; aqui a clivagem se dá pela ausência da formação de associações de objeto, representação de coisa, que funcionem como um passaporte de entrada da pulsão no psiquismo. A pulsão não ligada será evacuada em atos ou somatizações, o que irá trazer diversas consequências para o tratamento desses quadros que serão abordados adiante. De outro lado, ainda com Laplanche, é importante considerar que esse objeto ora ausente, ora escasso vem atrelado a um sujeito que transmite no encontro o que o autor denominou de significantes enigmáticos, que estão para além de sua própria capacidade de elaboração ou mesmo de reconhecimento de sua transmissão. Esses elementos também compõem esse caldeirão de traços irrepresentados, porém esse é um processo comum a todos, e não apenas característico dos pacientes-limite.

Scarfone (2013) irá denominar de "mente primordial" esse espaço que se localiza entre o soma e a psique, que contém traços que não podem ser utilizados para o pensamento e a elaboração e necessitam ser evacuados em atos ou no corpo. A mente primordial é um termo de Bion (Green, 2000); contudo, a autora relaciona esses traços aos elementos beta de Bion, mas também ao Real de Lacan, aos objetos-fonte de Laplanche e ao originário de Aulagnier, mostrando como as diversas teorias vão nomeando esses traços que terão repercussão nas patologias-limite. Essa autora irá propor também que não há uma diferença material entre os traços da mente primordial e os símbolos da psique. A diferença reside em que os traços necessitam ter seu investimento evacuado e não servem ao pensamento, enquanto os símbolos, utilizados pelo pensamento, podem ter seu investimento transformado e deslocado. Scarfone se pergunta, então, o que transforma traços em símbolos. E assinala a transferência, como um tipo de ação que é mediada pelo outro (intersubjetiva), como a resposta. Tal ideia corrobora a hipótese de que é a disponibilidade do objeto para ser investido pela pulsão que cria o psíquico e a possibilidade de representação.

Nas palavras de Green (2000), seguindo os passos de Bion, será a capacidade de *rêverie* da mãe que irá transformar os elementos beta da mente primordial em pensamentos para serem pensado por um pensador; assim, sem a presença do objeto/outro-sujeito não há transformação da experiência emocional (pulsão) em experiência psíquica. A essa questão da transformação retornaremos no Capítulo 4, dedicado à clínica.

Contudo, tendo em vista que a metapsicologia dos limites não se reduz à tópica ou ao trânsito entre os espaços, passo em seguida a apresentar algumas consequências do diálogo entre Freud, Winnicott e Green para a compreensão da etiologia e do funcionamento dos pacientes-limite, para, ao final do trabalho, apresentar como essa concepção tópica nos ajuda a pensar o que se passa no tratamento desses pacientes.

3. Etiologia e funcionamento das patologias-limite

As patologias-limite como represamento da libido no narcisismo primário

As patologias-limite não fizeram parte do campo de teorização freudiano, portanto, não há nada explícito em sua obra acerca do funcionamento e tampouco da etiologia dessas patologias. Entretanto, no que tange ao funcionamento psíquico dessas patologias, a descrição de Freud acerca das "neuroses atuais" parece configurar as primeiras observações psicanalíticas desses casos (Brusset, 1999; Rocha, 2000, Junqueira; Coelho Jr., 2006, entre outros). É a definição das neuroses atuais como expressão pulsional sem mediação psíquica e a ausência de significado simbólico dos sintomas, decorrente dessa falta de mediação, que sugere a aproximação dessas neuroses com os estados-limite. Isso ainda que a hipótese etiológica sobre a formação das neuroses atuais, que, segundo Freud (1905/1989c, 1923/1989r, 1925/1989u), se baseava numa lesão tóxica devido à não satisfação sexual no sentido genital, precise ser abandonada. Atualmente, seria difícil, e certamente desnecessário, sustentar a ideia de Freud de que uma patologia psíquica tenha origem exclusivamente na falta de satisfações sexuais no sentido genital. Contudo, se tomarmos "sexual" no sentido de pulsional, como Freud mesmo nos ensinou, é bastante coerente afirmar que essas patologias resultam da transformação direta – não mediada pelo psiquismo – da pulsão não satisfeita.

Para essas patologias, a questão seria então saber por que essa mediação psíquica não ocorreu. Assim como foi proposto por Freud, o aparelho psíquico – constituído ao longo do desenvolvimento libidinal dos indivíduos – é o responsável pela mediação psíquica das tensões pulsionais. Tendo isso em vista, consideramos que falhas na mediação podem ocorrer tanto em situações traumáticas, nas quais um evento externo (ou um conjunto de eventos) é responsável por um excesso pulsional, como em situações nas quais há falhas na constituição do aparelho psíquico e uma tensão mínima é vivida como excesso. Nesse sentido, uma teoria sobre as vicissitudes das constituições dos limites do psiquismo começou a emergir sob a denominação de uma "metapsicologia dos limites".

Ademais, no texto *Sobre o narcisismo: uma introdução* (1914/1989i), nas *Conferências introdutórias* (1917/1989n), bem como em *Luto e melancolia* (1917/1989o), Freud expõe algumas ideias acerca das neuroses narcísicas que podem ajudar na construção de uma hipótese acerca da etiologia específica das patologias-limite (consideradas por diversos autores como um tipo de neurose narcísica, ao lado das psicoses e das melancolias) que esteja em coerência com o conjunto da metapsicologia freudiana – ainda que já tenhamos apreendido, com Bercherie (1988), que há diferentes modelos em Freud.

Para Freud (1914/1989h), o narcisismo é um estádio universal e original no qual as pulsões estão completamente voltadas para o si mesmo. Durante o desenvolvimento normal da libido, ela deve se dirigir aos objetos em busca de satisfação, sem que o narcisismo desapareça totalmente. Quando a libido não encontra mais satisfação nesses objetos, seja pela ausência desses na realidade, seja pelo efeito da repressão, a tendência da libido é regredir para o Ego, sendo responsável, por meio do processo de identificação com os objetos perdidos, pela própria constituição do Ego e pelo que Freud denominou de "narcisismo secundário". Em seguida, a libido pode ser dirigida para outros objetos ou para meios de satisfação mais primitivos – pontos de fixação que se constituíram na história do desenvolvimento da libido daquele indivíduo. Segundo Freud (1917/1989o), o processo que desliga a libido dos objetos e bloqueia seu retorno a eles é estreitamente relacionado ao processo de repressão. Contudo, se nas neuroses narcísicas o resultado é diferente do que ocorre na histeria (psiconeuroses em geral, ou neuroses de transferência) isso se deve a fatores constitucionais. Ou seja, o ponto de fixação deve ter ocorrido em fases muito mais precoces do desenvolvimento, provavelmente na fase do narcisismo primário. E, diante disso, a técnica analítica se mostra, para Freud, insuficiente no tratamento das neuroses narcísicas, pois esses indivíduos muito regredidos são incapazes de transferência, base do tratamento analítico. Freud (1917/1989n) escreve:

> *As neuroses narcísicas dificilmente podem ser acometidas mediante a técnica que nos foi de utilidade nas neuroses de transferência. Em breve os senhores saberão por quê. Com elas, o que acontece é, após avançarmos uma curta distância, deparamos com um muro que nos força parar. Nas neuroses de transferência, como sabem, também nos defrontamos com barreiras da resistência, mas conseguimos demoli-las, parte por parte. Nas neuroses narcísicas, a resistência é intrans-*

ponível; quando muito, somos capazes de lançar um olhar perscrutador por cima do topo do muro e divisar o que se está passando no outro lado. Nossos métodos técnicos, por conseguinte, devem ser substituídos por outros; e nem sequer sabemos se seremos bem-sucedidos na busca de um substituto (p. 493).

Ainda que atualmente já se fale em transferência maciça para os psicóticos, penso que isso não invalida a compreensão de Freud de que não encontramos nas neuroses narcísicas o mesmo tipo de deslocamento de conflitos psíquicos para a relação com o analista que observamos nas neuroses de transferência. Desse modo, o tratamento analítico clássico, que para esse autor passa por reviver o antigo conflito e encontrar para ele uma saída diferente, não funciona na paranoia, na melancolia, ou na demência precoce; todas denominadas "neuroses narcísicas". Isso ocorre de modo que ser capaz de transferir afetos e conflitos para a figura do analista implica a capacidade de fazer investimentos libidinais em objetos e eventualmente deslocá-los para outros objetos, coisa que os indivíduos muito narcísicos têm dificuldade. Os investimentos objetais foram abandonados e sua libido objetal se transformou em libido do Ego. O processo não resulta em identificação com partes do objeto que enriquecem o Ego, o processo resulta numa incorporação do objeto pelo Ego: "a sombra do objeto recai sobre o Ego", como aponta Freud. Desse modo, não manifestam transferência, e por isso seriam inacessíveis aos esforços dos analistas, na opinião de Freud (1917/1989n).

Nas neuroses narcísicas, segundo Freud, a libido regride para fixações muito primárias, da época do narcisismo primário, o que impede a transferência. Com o auxílio de autores pós-freudianos (Green, entre outros) vamos pensar numa espécie de transferência dos vazios e dos ocos representacionais que se presentificam na relação analítica como resultado das regressões narcísicas. Contudo, a regressão não me parece ser o único fenômeno em jogo. Proponho que o que ocorre nos pacientes-limite é que esses indivíduos ficam desde muito cedo fixados no narcisismo primário; a pulsão, ou pelo menos boa parte dela, nunca se tornou objetal, não se libidinizou no encontro com o objeto. Nesse sentido, estou propondo que, em vez de uma regressão da libido, como na maioria das neuroses narcísicas, as patologias-limite se constituem como um tipo específico de neurose narcísica no qual há um "não desenvolvimento" parcial da pulsão, desenvolvimento que seria responsável pela constituição do aparelho psíquico em geral e pelo Ego de modo específico. Assim, haveria um represamento da pulsão sem objeto, pulsão de morte – como define Freud –, mas esse represamento não seria no Ego, como propõe Freud para as neuroses narcísicas. Em razão de tal represamento, o Ego, formado a partir das identificações secundárias cujo investimento é retirado da libido dos objetos, existe de forma pouco consistente. A ideia é que, nas patologias-limite, a parte da pulsão ficaria represada no narcisismo primário, no si mesmo; fora do psiquismo, a pulsão não libidinizada, não ligada, exercia pressão de desligamento por sobre o aparelho psíquico. Psiquismo compreendido aqui como a parte organizada do *self* (si mesmo) com vistas a dar lugar à tensão pulsional pela via do objeto, como nos ensina Green quando nos mostra que esses formam um par inseparável. Essa localização justifica o fato de a pulsão ser percebida como traumática (excessiva e disruptiva ao psiquismo), e também explica a grande dificuldade de formação de uma transferência nesses pacientes – o que se transfere é o desligamento, o vazio, os ataques ao pensando e aos elos de ligação.

Os quadros *borderline* se formam quando há uma falha no processo de representação dos objetos da pulsão. De acordo com Green, e como veremos adiante, na medida em que a pulsão não se liga a um objeto externo, ela não encontra um meio de representação, restando com pulsão desligada, como traço que não pode ser utilizado pelo psiquismo e que requer ser evacuado. Como resultado, as fronteiras entre o Eu/não Eu permanecem demasiado porosas – essas fronteiras são constituídas pelos traços mnêmicos que se organizam em vias facilitadas, à medida que as experiências de prazer-desprazer são vividas a partir dos encontros e dos desencontros com os objetos. As representações de coisa e de palavra decorrem desse movimento e fazem função de paraexcitação, permitindo o adiamento da descarga na ausência do objeto.

Ao afirmar que a libido fica represada fora do psiquismo, não posso me esquivar de ao menos tentar circunscrever que lugar é esse em que se situa o "fora do psiquismo". Isso justifica o esforço de sistematização apresentado pelos esquemas gráficos do Capítulo 2 para situar o que vou denominando de não psíquico. Esse lugar, na literatura psicanalítica, também vem sendo denominado de mente primordial, como foi visto no Capítulo 2.

Considerar as patologias-limite como neuroses narcísicas para as quais não há propriamente uma regressão, mas sim um acúmulo de libido mais primário, é também importante, pois permite diferenciar a gêneses dessas patologias da gênese das melancolias. Essa diferenciação não tem a intenção de desconsiderar que, após a instalação do quadro, a descrição do funcionamento dessas e das melancolias pode se assemelhar muito, e que na clínica nunca imaginamos encontrar casos "puros" de uma ou outra patologia. Contudo, parece importante diferenciar que na melancolia há a perda de um objeto com o qual se tinha uma relação ambivalente e uma identificação de tipo narcísico, em que a libido retirada do objeto regride para o Eu já constituído (FREUD, 1917/1989o). Diferentemente, nas patologias-limite parece haver um represamento da pulsão no *self*, anterior à própria constituição do Eu, fruto de uma relação de objeto parca, inexistente ou deveras inconstante, que compromete a constituição do Eu. A diferença na gênese é importante para a clínica, pois na melancolia imaginamos que o tratamento passe por um desligamento da libido do objeto que encobre o Eu e pela liberação dessa libido para novos deslocamentos, um trabalho de luto do objeto primário; ao passo que nos casos-limite o tratamento deve passar pela vivência de uma relação de objeto consistente que realize uma inscrição primeira de objetos e que permita ao sujeito sair de seu narcisismo primário em direção ao narcisismo secundário, com todas as implicações que isso tem para a formação do Eu. Se na melancolia trata-se de dissipar a sombra do objeto que recai sobre o Eu, para que então esse luto possa advir, nas patologias-limite trata-se de operar na constituição do Eu e dos demais limites do psiquismo, trata-se de realizar uma *suplência de objeto primário*,[1] reforçando a instalação de um objeto primário que poderá ser perdido e tal perda elaborada, dando lugar ao Ego. Quando Green (1988c) afirma que o paciente-limite possui um objeto primário inelutável, entendo que não se pode perder (e fazer o trabalho de luto) daquilo que nunca se teve.

Na esteira de Green, podemos imaginar que os pacientes--limite não são melancólicos, e sim filhos de pais melancólicos; retomarei essa ideia logo adiante ao discutir o complexo da mãe morta, proposta desse autor para a compreensão da etiologia dos casos-limite.

Ainda cabe ressaltar que o conceito de narcisismo primário é espinhoso, como ressaltam Laplanche e Pontalis (1967) e Green (1982/1988d). Roussillon (2012a) aproxima Winnicott de Freud em seu texto *A desconstrução do narcisismo primário*, para afirmar que o narcisismo primário não constitui um estado solipsista no qual as pulsões estariam voltadas para o Eu, como propôs Freud,

---

1 A ideia de "suplência de objeto primário" será tratada nas *Considerações finais*.

pois, como Winnicott demonstra, a subjetividade do objeto se faz presente desde os primórdios da vida humana e opera no que esse autor vai então denominar de narcisismo primário. Contudo, o que Roussillon denomina de narcisismo primário se parece em muito com o que Freud denomina de narcisismo secundário, que dá conta da libido que retorna para o Eu ao retirar seus investimentos do objeto e traz consigo partes desses objetos que darão consistência a esse Eu que se forma nesse processo de retorno, processo também denominado de identificação. A impressão que se tem é que Roussillon libidiniza a teoria de Winnicott, ao passo que prefiro manter a ideia de que Freud e Winnicott trabalham com dois níveis diferentes de apreensão do *self* e que esses níveis serão articuláveis quando os objetos de satisfação pulsional forem coincidentes com os objetos que sustem a ilusão de onipotência, como expus no Capítulo 2. De toda forma, são preciosas as considerações que Roussillon faz acerca dessa fase da constituição do psiquismo e sua proposta de uma "relação homossensual em duplo" para a formação da identidade, na qual o outro é tanto um espelho de si como reconhecido em sua alteridade. Também é importante destacar que há uma fase em que a não instalação da linguagem verbal influi na forma de registro psíquico das experiências, que poderão ser observadas em análise por meio do mimo-gesto-postural, destacado por esse autor. Porém, de outro lado, Roussillon (2012a) não diferencia as melancolias de outras patologias narcísicas, como compreendo serem as patologias-limite. Clinicamente, me parece relevante diferenciar as patologias resultantes de um objeto primário incorporado, e cujo processo de luto não ocorreu (melancolias), e de um objeto primário inconsistente em sua função de ligar a pulsão, promovendo a criação das vias facilitadas que têm função de paraexcitação, muito próximo do que Green irá denominar de "estrutura enquadrante" (patologias-limite).

O fato clínico que me parece mais relevante para a sustentação da visão de Freud do narcisismo primário como um estado solipsista e anobjetal são as diversas patologias do espectro autístico. O fato de a alteridade estar sempre presente desde o início não é garantia de que ela seja capaz de enlaçar a pulsão do bebê, seja por dificuldades desse objeto externo, seja por deficiências do aparelho sensório-motor do bebê; por uma via ou por outra, a pulsão não se libidiniza por meio do encontro com o objeto. Nos estados-limites algum enlace foi possível, esse sujeito foi inscrito na linguagem e preserva capacidade de representação suficiente para tal, contudo, tal enlace não foi suficiente para instalar uma diferenciação clara e consistente entre o primeiro limite do psiquismo: Eu/não Eu, dentro/fora. Tal insuficiência é, então, responsável pelas angústias de intrusão e abandono, pela inconsciência do Eu e por toda uma série de elementos que caracterizam o espectro *borderline*.

Porém, antes de examinar algumas ideias de Green sobre a etiologia e os funcionamentos das patologias-limite, cabe apresentar o percurso e a contribuição de Winnicott para esse campo.

Contribuições de Winnicott para a compreensão dos borderlines

Trilhando outros caminhos, tanto clínicos como teóricos, Winnicott (1971/1975), em *O brincar e a realidade*, define o *borderline* como um psicótico organizado de modo neurótico. Ele escreve:

> *Pela expressão "caso fronteiriço", quero significar o tipo de caso em que o cerne do distúrbio do paciente é psicótico, mas onde o paciente está de posse de uma organização psiconeurótica suficiente para apresentar uma*

psiconeurose, ou um distúrbio psicossomático, quando a ansiedade central psicótica ameaça irromper de forma crua (p. 122).

ou seja, o *borderline*, para Winnicott, é um psicótico que funciona de modo neurótico.

Para Winnicott (1963/1983j), em acordo com Freud, a neurose é formada por defesas que se organizam diante da angústia de castração e do Édipo, e o grau da doença tem relação com o grau de rigidez das defesas. Por outro lado, se o que observamos são angústias de aniquilamento ou fragmentação, trata-se de uma psicose. Distúrbios mentais não são propriamente doenças, são compreendidos por esse autor como conciliações entre a imaturidade do indivíduo e as reações sociais que apoiam ou retaliam o desenvolvimento emocional. Desse modo, o quadro clínico varia com o ambiente, e as doenças psíquicas são compreendidas como paralisações do desenvolvimento. Para Winnicott (1959-1964/1983a):

A psicologia da neurose leva o estudante imediatamente ao inconsciente reprimido e à vida instintiva do indivíduo. A vida instintiva deve ser considerada tanto em termos de funções corporais como da elaboração, em fantasias, dessas funções (com o termo instintivo quer se significar o que Freud chamou de sexual [...] (p. 119).

Winnicott procura, assim, justificar por que não dá atenção às questões instintivas. O instinto está relacionado à neurose, porém ele se interessa pelas psicoses, *borderline*, tendências antissociais. Com isso, ele se interessa pelo desenvolvimento emocional primitivo a elas referido, que não é anterior à existência dos instintos, mas que é anterior à importância dos instintos no desenvolvimento emocional. Segundo esse autor:

> Vim a analisar então pacientes que se revelaram borderline ou que vieram a ter sua parte amalucada alcançada e alterada. Foi o trabalho com pacientes borderline *que me levou (quer quisesse ou não) à condição humana mais precoce, e quero dizer aqui, à vida inicial do indivíduo, ao invés de mecanismos mentais da mais tenra infância* (Winnicott, 1963/1983i, p. 212).

Para o desenvolvimento saudável de um bebê, segundo Winnicott (1945/2000a, 1971/1975), sua mãe (ou pessoa que cuida) deve estar de tal forma identificada com ele que o atendimento de suas necessidades ocorra no momento exato, proporcionando ao bebê a ilusão de que ele criou o objeto de satisfação de sua necessidade, de que ele criou o seio, ou, em última instância, a ilusão de que ele criou a realidade. Entretanto, como já mencionado, essa "experiência de onipotência", como a denomina Winnicott, não deve durar a vida toda. Logo que o bebê estiver preparado, ou seja, logo que tenha adquirido a confiança de que o ambiente irá lhe proporcionar o atendimento de suas necessidades, será necessário introduzir a igualmente importante "experiência de desilusão", a partir da qual o bebê vai começar a consolidar a diferença entre interno e externo. A passagem da ilusão para a desilusão é uma espécie de alicerce sobre o qual se baseará a percepção do objeto externo e a relação com a realidade. Contudo, uma experiência de ilusão inicial deve ser garantida, pois, sem ela, a desilusão que se segue é apenas desamparo.

Diante disso, Winnicott (1955-1956/2000f) enfatiza que a qualidade do manejo da mãe depende da identificação dela com o seu bebê. Ou, como ele mesmo entende, depende da "preocupação materna primária", que implica a mãe estar amplamente disponível para o cuidado desse bebê nos momentos iniciais. Quando a experiência de ilusão é consistente, o ambiente é descoberto sem a perda da sensação de ser. Porém, quando o ambiente falha ou realiza uma intrusão, a sensação de Ser é perdida e o indivíduo é levado a reagir. Assim, as falhas no cuidado materno nessa fase não são sentidas propriamente como falhas, elas são sentidas como uma necessidade de reagir a uma irritação (Winnicott, 1949/2000c). A volta ao estado de isolamento tende a restaurar a sensação de Ser, mas a realidade não é incluída e causa, como consequência, uma cisão entre verdadeiro e falso *self*, um recolhimento do verdadeiro *self* e uma predominância do falso *self* (Winnicott, 1950-1955/200d, 1960/1983c).

A falta de cuidados suficientemente bons antes da distinção Eu/não Eu leva a distorções na organização do Ego, que é, no extremo, a base das características esquizoides e de patologias como a esquizofrenia ou o autismo infantil (Winnicott, 1962/1983d). Quando a falta desses cuidados não é tão contundente, temos apenas a predominância do falso *self*, o que frequentemente caracteriza os quadros *borderline*. O falso *self*, que se torna predominante após inúmeras experiências de desamparo, se faz observar na clínica por meio de uma sensação de vazio, de falta de sentido para a vida, em alguns casos como rebaixamento da atividade intelectual, e por vezes como casos de tendência antissocial.

Desse modo, Winnicott concebia a psicose, a tendência antissocial, bem como os quadros *borderline*, como distúrbios psíquicos relacionados às falhas do ambiente nos momentos mais primitivos do desenvolvimento emocional. Diferentemente das neuroses, compreendidas desde a época de Freud como conflitos psíquicos relacionados com as vicissitudes do complexo de Édipo, para os quais a análise do inconsciente fazia, e faz, todo o sentido. É bem verdade que Winnicott não enfatiza em sua definição de *borderline* a problemática da constituição dos limites do aparelho psíquico, diferentemente da tendência atual (Brusset, 1999). Por outro lado, Winnicott centrava sua compreensão da etiologia desses quadros na fase de diferenciação Eu/não Eu, ou seja, na fase do estabelecimento do primeiro limite que instaura o psiquismo. Para Winnicott, os quadros *borderline* têm origem numa interrupção do desenvolvimento emocional na fase de indiferenciação, devido a uma falha do ambiente. Tal interrupção prejudica a formação do Eu em termos de verdadeiro *self* e prejudica as relações com a realidade externa e a própria constituição de um espaço interno. Desse modo, Winnicott não parece estar em desacordo com a ideia de que a etiologia dos *borderlines* está ligada a falhas na constituição e funcionamentos dos limites do psiquismo, e a diferença de ênfase em sua definição se justifica por seu interesse estar voltado para o desenvolvimento emocional, e não para a constituição da tópica em termos freudianos.

Painceira Plot (1997) sugere, inspirado em Winnicott, uma diferença entre os pacientes esquizoides (psicóticos) e os *borderlines*. Para esse autor, o mecanismo primitivo dos fronteiriços é o mesmo dos esquizoides: introjeção maciça do meio materno patológico como defesa diante das angústias inimagináveis provocadas por um rompimento precoce do vínculo materno. A diferença é que na esquizoidia a falha é constante e o falso *self* é bem organizado; já nos fronteiriços, a falha é imprevisível e o falso *self* é facetado, múltiplo, fragmentado e caótico. Dessa forma, quando fazemos a análise dos fronteiriços encontramos diversos núcleos que assumem o controle alternadamente, o que dá o tom de imprevisibilidade para o caso.

Sem perder de vista os limites impostos pela constatação de que Freud e Winnicott teorizam acerca de dois diferentes níveis de apreensão do *self*, é possível afirmar que é somente a atenção que Winnicott dá para a qualidade da relação mãe-bebê que me permite propor uma hipótese etiológica a partir de Freud, sugerindo o represamento da libido no narcisismo primário pela ausência de relações de objeto estáveis e confiáveis. Nessa hipótese, não se imagina a ausência completa de satisfações libidinais por meio de objetos, mas a falta de relações de objeto que contenham uma qualidade de presença e que se constituam como objeto da libido, corroborando a constituição do Eu por meio das identificações. Algumas ideias de Green também não estão fora dessa relação de intertextualidade e, desse modo, cabe examinar suas propostas, especialmente no que tange ao complexo da mãe morta.

A mãe morta e a irrepresentabiliade dos afetos e dos objetos

Green (1999a) faz uma diferença entre as neuroses graves e os casos-limite. As primeiras são aquelas que apresentam: fixações tenazes, uma angústia resistente, uma fraca mobilização dos sintomas pela análise, uma transformação limitada pela análise da transferência e uma rigidez dos mecanismos de defesa. Os casos-limite se caracterizam por outros traços: pelas neuroses narcísicas, pela melancolia (e não pela psicose), nas quais as angústias são de separação e intrusão e não de castração e penetração, como na neurose.

Green (1995a) relaciona essas patologias ao objeto quando afirma que, nas estruturas *borderline*, a carência do objeto impede que a criança viva suas pulsões de modo tolerável, impedindo que as pulsões despertem a vida e resultando na formação do falso *self*, equivalente a uma alienação no desejo antipulsional da mãe – ou desinvestimento da mãe morta. Green (1995a) escreve:

> *Nos casos difíceis, os obstáculos encontrados no trabalho analítico não são simplesmente efeito da resistência, mas são da ordem de uma condução ativa de recusa do objeto, na medida em que temos a impressão de que o objeto é, nesse caso, completamente fusionado com o corpo. Nessas análises que nós podemos esquematicamente chamar de "limites", o trabalho do negativo, em vez de dar lugar às produções fantasmáticas, não pode resultar senão num bloqueio corporal. O papel da linguagem parece ser o de querer garantir um controle – muito parcial – da atividade psíquica, sem conseguir. A linguagem se adere a uma atividade psíquica denominada de alucinação negativa da presença do objeto; nesta, não é a falta do objeto que é importante, mas o sentimento da presença de uma infigurabilidade. Paradoxalmente, o sentimento de uma presença persecutória é na verdade uma falta do ser. É a expressão de uma relação de objeto que não pode ser interiorizada e que se traduz por uma perseguição infigurável, constituindo uma ameaça em relação à atividade psíquica, impedindo toda elaboração (p. 75, grifos meus).*

Green (2002) relaciona os casos-limite com uma alienação do sujeito a um objeto interno; não se trata de uma organização conflitual como nas neuroses. Para esse autor, tem-se a impressão de que não é o sujeito quem fala, mas o objeto que fala no lugar do sujeito; um objeto que não se faz ver pelo ângulo da fantasia, um objeto que se forma no interior do sujeito e é animado por uma espécie de furor destrutivo que ameaça o Eu de aniquilação. Green relaciona essa sua impressão dos casos-limite ao que Bion denominou "ataques ao vínculo", o que esse autor compreende como a contribuição de Bion para a reflexão acerca do trabalho do negativo.

De acordo com Green (2002), as satisfações pulsionais inconscientes aparecem, nos casos-limite, ligadas à satisfação de um masoquismo baseado numa alienação a um objeto interno do qual não é possível se separar. Seguindo a hipótese do represamento da libido no narcisismo primário, podemos imaginar que o masoquismo que se satisfaz é o masoquismo erógeno ou primário (Freud, 1924/1989s). Segundo Green (2002), trata-se do luto interminável pelo objeto primário perdido ou eternamente inconsistente. A razão desse estado de coisas se relaciona à existência de afetos destrutivos fortes que não encontram destino e que conduzem a estados psicossomáticos; ou então aos casos em que existe a abolição de afetos, impedindo o sujeito de reconhecer e verbalizar os afetos que têm sucesso em transpor o limite da consciência. Nesses casos, para imobilizar os afetos, imobiliza-se o psiquismo. Como bem explicita Candi (2008), as problemáticas desses pacientes têm relação tanto com a constituição como com o trânsito entre os espaços psíquicos. É uma espécie de "morte psíquica", "um confinamento no indizível" (2002, p. 231), nas palavras de Green. Dessa forma, o "recurso à realidade" – um relato dos eventos da vida como uma forma de ancoragem no real e de evitar uma fala louca – são muito frequentes. Green (2002) escreve:

> *O paciente oscila entre um estado de paralisia do pensamento e de incomunicabilidade do qual ele se ressente, não somente porque os afetos não são mais verbalizáveis, mas também porque eles se tornaram ir-*

reconhecíveis por ele, subjugando-o, pois aqui sua existência não é negada. Antes que uma construção, nós falaremos aqui mais de uma confusão de afetos que não remete às representações, mas ao irrepresentável (p. 222, grifo meu).

A impossibilidade de negativizar a presença da mãe, essencial para o luto do objeto primário e para o estabelecimento de uma estrutura enquadrante, está geralmente associada ao que Green nomeia "complexo da mãe morta". De acordo com Duprac (2000), a mãe morta não pode ser representada nem como ausente, nem como má; ela foi retirada de uma função por um luto inelaborável, que a impede de qualquer investimento. O sujeito sofre por não poder viver os seus afetos. Esse autor afirma, ainda, que por trás do complexo da mãe morta há uma cena primitiva insuportável, uma triangulação precoce e uma despossessão narcísica, o que impede a triangulação mãe/criança/estrutura enquadrante. Para Green (1999a), o que Ferenczi colocou de importante, e que Freud não compreendeu, foi que o trauma não é só o sexual, bem como não é um só acontecimento, o trauma é também o que não aconteceu. A não resposta do objeto primário pode ser desastrosa, nesses casos as feridas não cicatrizadas no Eu paralisam sua atividade, e o que se passa na esfera da sexualidade é menor perante o que se passa no Eu.

Nesse momento já fica evidente que Green – tomando pulsão e objeto como pares inseparáveis, como discutido no Capítulo 1 – constrói sua compreensão de casos-limite sob uma articulação entre pulsão-objeto e teoria da representação. Entretanto, na esteira de Winnicott, Green reforça a importância do objeto externo e do ambiente, evidência não negada, mas negligenciada, por Freud, em sua opinião.

De acordo com Green, o "complexo da mãe morta" se introduz quando a mãe é violentamente abatida por um luto ou por uma ferida narcísica (aborto, traição do marido, por exemplo) nos momentos mais iniciais da vida do bebê e, como resultado do desinvestimento da mãe no bebê, há um desinvestimento do bebê na mãe e uma identificação inconsciente com a mãe morta. Green (1980/1988c) resume:

> [...] houve o enquistamento do objeto e o apagamento de sua marca por desinvestimento, houve uma identificação primária com a mãe morta e a transformação da identificação positiva em identificação negativa, isto é, a identificação com o buraco deixado pelo desinvestimento e não com o objeto (p. 253).

Para esse autor, a identificação com a mãe, ainda que "morta", é a única maneira de se manter em reunião com ela.

Existem ainda duas situações em que a vivência do luto da mãe pode ser ainda mais complicada: uma delas é quando a razão do luto é mantida em segredo, o luto por um filho pequeno, por um aborto etc., pois a omissão impede qualquer possibilidade de simbolização do estado da mãe, bem como impede a atribuição desse estado a algo que não a si mesmo. A outra situação é quando há uma coincidência entre o luto da mãe e a descoberta do pai pela criança, pois o estado depressivo da mãe pode ser interpretado pelo bebê como consequência de seu investimento no pai. Além disso, a impossibilidade de destinar a agressividade para fora por conta da vulnerabilidade da mãe pode colocar o pai no lugar de bode expiatório, constituindo o que Green (1980/1988c) denomina "triangulação precoce", como foi mencionado aqui por Duprac.

O desinvestimento cria um vazio na relação de objeto com a mãe que se repetirá mais tarde na incapacidade do sujeito em estabelecer uma relação amorosa durável e satisfatória. A "identificação negativa" é a identificação não com o objeto, mas com o vazio, pelo desinvestimento, próximo do que o casal Abraham e Torok nomeia de identificação endocríptica (Jackson, 1991). Os vazios psíquicos são causados pela destrutividade que é liberada com o enfraquecimento do investimento erótico. O ódio maciço, nesses casos, é explicado por Green (1980/1988c) por meio de um processo de desintrincamento pulsional.

Segundo Jackson (1991):

> Com Green, nos parece, o ponto importante é que o complexo da mãe morta põe em evidência uma função do negativo que tem valor de revelação de uma estrutura constitutiva do funcionamento psíquico em geral e do narcisismo em particular. Isto é, a função da alucinação negativa vai se tornar, se nós podemos dizer assim, parte constitutiva do aparelho psíquico independentemente das vicissitudes que podem afetar o seu destino. Essa função diz respeito à relação mãe--bebê, ou mais exatamente ao momento de separação fusional entre a mãe e o bebê (p. 118).

O que está relacionado à proposta de Green de que, na constituição psíquica em geral, o objeto primário se torna estrutura enquadrante do Eu, abrigando a alucinação negativa da mãe. Ainda para Jackson (1991), "essa passagem da mãe do estatuto de objeto primário, que constitui e sustenta o Eu ainda parcial do bebê, a um estatuto de estrutura enquadrante, desenha claramente o lugar que o negativo deverá ocupar em uma metapsicologia da construção do sujeito" (p. 119). Entretanto, para uma melhor compreensão desse processo, é necessário ter em mente que a alucinação negativa não é necessariamente patológica e não é sempre a falta da representação, mas às vezes é a representação da falta de representação.

Por outro lado, mesmo relacionando a etiologia dos casos-limite às vicissitudes da relação mãe-bebê, Green (2002) acredita que esses quadros também se formam e se transformam ao longo da vida. Mas, ainda sim, o complexo da mãe morta introduzido por Green ilustra o tipo específico de falha ambiental que resulta no que compreendemos como patologias-limite, ou seja, patologias relacionadas às falhas na constituição e no funcionamento dos limites do psiquismo.

"Posição fóbica central" como funcionamento limite

Acerca do funcionamento dos pacientes-limite, Green (2002) define a posição fóbica central como uma disposição psíquica comum a esses casos. Nessa disposição, é como se o funcionamento fóbico tivesse se instalado dentro do discurso e impedisse todo e qualquer desdobramento psíquico; é menos um medo e mais uma armadilha que captura o sujeito e o fecha sobre si mesmo. Diferentemente dos casos em que a fobia é circunscrita, permitindo um funcionamento normal, aqui, ao contrário, existe uma extensa inibição do Eu, confinando o paciente a um isolamento importante. Trata-se de um funcionamento fóbico durante a sessão. Porém, não se trata simplesmente do acesso ao consciente de certas partes do inconsciente, mas da correspondência entre alguns temas que abrem caminho através de alguns aspectos ameaçadores vindos do reprimido, não somente em relação às sanções do Superego, mas, sobretudo, para a organização do Eu. Esses temas se potencializam e se amplificam. Assim, não basta impedir que ressurjam, é preciso impedir a todo custo que se liguem. Não se trata do trauma mais marcante, nem o trauma cumulativo (como propôs Masud Khan, 1963/1977), mas das relações entre várias constelações traumáticas e do que essas relações poderiam desencadear.

Green (2002) observou que certos pacientes desfaziam o caminho de pensamento que estavam percorrendo, evitando serem conduzidos a certos pontos. Primeiramente ele atribuiu isso à resistência; depois, leu em Bion a descrição do que ele denominava de "ataques ao vínculo" como forma de lidar com as pulsões destrutivas e passou a considerar que não se tratava de repressão, mas de formas de lidar com a destrutividade.

Na clínica, Green observou esses fenômenos em pacientes que compreendem seus apontamentos apenas de forma intermitente e que têm seu discurso repleto de frases como "não sei" e "não me lembro". Um de seus pacientes reconhecia que essas fórmulas tinham o poder de matar qualquer representação; em alguns momentos ele reconhecia a exatidão de algumas interpretações, fazendo, em seguida, como se elas não existissem. Green (2002) declara:

> *Foi necessário tempo para compreender que o sentimento de que eu tinha de perder, periodicamente, o fio do que ele me comunicava devia-se a rupturas associativas potencialmente significativas [...]. [...] acreditei inicialmente que estava diante de uma atitude que remetia a uma repressão maciça e extensa. Até o momento em que compreendi que, se ele estava assim obrigado a impedir a instalação da associação livre, não era por falta, ao contrário, era por um excesso potencial de associações (p. 166).*

Green relata que, sempre que seu paciente antecipava o fim de seus pensamentos, isso o ameaçava de continuar, como se fosse levado por uma cascata de traumas todos relacionados. Desse modo, a repressão era insuficiente para explicar o que acontecia. De acordo com Green, havia um certo grau de "desinvestimento da arborescência da cadeia associativa" que apagava a potência das irradiações e que tornava sua fala plana e linear. Green (2002) se pergunta o porquê disso com esse paciente. Ele escreve:

> Para me fazer vivenciar a decepção de não o ver concluir, de não o ver chegar, como a mãe, nunca apercebida? Sem dúvida, mas sobretudo porque o que revela o desamparo é o assassinato da representação da mãe que não apareceu ou do seio que não acalma a fome, mas aumenta a excitação. Sucede-lhe a recusa de existência da própria realidade psíquica do sujeito que a realizou. "Não, isso não existe em mim, não pode ser eu, não sou eu". Eis, portanto, uma variedade nova de trabalho do negativo referindo-se à alucinação negativa do sujeito por ele mesmo, constituindo menos uma não percepção do que um não reconhecimento (p. 171).

Ainda, para esse autor: "A forclusão, como posição fóbica central, pertence ao processo analítico. Ela bloqueia a generatividade associativa que permite o desenvolvimento da causalidade psíquica" (p. 183).

As observações de Green acerca do funcionamento-limite sugerem o trabalho com o irrepresentável e com o não psíquico, o que justifica a tentativa de localização tópica desse espaço que se faz presente em sua negatividade.

O trânsito na tópica dos pacientes-limite

Retomando o último dos esquemas propostos no Capítulo 2, penso que é tempo de especular sobre o trânsito entre esses espaços no funcionamento dos casos-limite. Imagino que possa haver, no mínimo, duas situações distintas com efeitos semelhantes. Numa situação, a excitação endossomática representada por X não encontra objeto, ou seja, não encontra alívio ou satisfação na realidade. Nesse caso, a representação de objeto não se forma, e tudo o que pode ser transmitido ao psiquismo é apenas a cota de afeto, que sem representação será vivida como angústia e precisará ser evacuada por meio de ato ou do corpo. A excitação endossomática se mantém irrepresentada, ainda que deixe uma marca, um traço, mas essa experiência não corrobora a constituição do Eu ou os demais limites do psiquismo, pois esse traço não está ligado e não pode ser psiquicamente utilizado. Noutra situação, podemos imaginar uma representação de objeto já constituída, que, pelas vicissitudes do objeto – a passagem a um estado de ausência irrevogável, por exemplo –, resulta numa ação defensiva do aparelho psíquico, que expulsa a representação de objeto de seu interior por meio de um processo de clivagem, suprime suas ligações (Green, 2000). Esse processo desarticula a representação de forma que ela retorne a um estado irrepresentado pela perda das articulações que garantem seu *status* de representação coisa, restando então no psiquismo tão somente associações de objeto ou traços e uma cota de afeto que será vivida como angústia. Nesta, principal referência são as situações traumáticas, que, devido à sua intensidade afetiva, desarticulam o psiquismo. Apoiado em Bion, Green (2000) vai afirmar que esse processo produz uma ferida na mente que promove uma hemorragia de representações, um buraco branco que atrai e destrói os pensamentos.

As descrições de Winnicott e Green acerca do funcionamento dos pacientes-limite também contribuem para a compreensão de por que esses casos se configurarem como um desafio para a clínica psicanalítica clássica baseada na associação livre e na atenção flutuante. Esse método fora constituído por Freud com base no modelo da neurose e no modelo dos sonhos, quando há um psiquismo razoavelmente constituído e apto a realizar condensações e deslocamentos, bem como alimentar a transferência. Desse modo, antes de finalizar este trabalho, será de grande valia discutir as contribuições de Freud e Green, mas, sobretudo, de Winnicott, para a clínica dos pacientes-limite, além de incluir outros autores que nos ajudam a alinhavar certas ideais, para, ao final, explicitar o que entendo ser uma clínica que produz modificações na tópica psíquica.

4. Ampliações da clínica

Os limites da clínica freudiana

Como nos mostra Green (2008), entre outros autores, a clínica freudiana foi concebida a partir do tratamento da neurose e a este se aplica de maneira profícua. No "modelo do sonho" a interpretação da transferência que religa a pulsão à representação conflituosa recalcada será o principal instrumento de trabalho. Na neurose, o aparelho psíquico está suficientemente formado, e as cadeias representativas são capazes de dar destinos às pulsões e, quando necessário, adiar descargas em função do princípio de realidade. O recalque originário é consistente e mantém afastadas da consciência representações e ideias que só poderão aparecer sob disfarces. O retorno do recalcado se faz presente nos sonhos, atos falhos, nos caminhos das associações livres e, principalmente, na relação analítica, sob a forma da neurose de transferência.

No entanto, como vimos neste trabalho, os pacientes-limite possuem um aparelho psíquico bastante deficitário em sua função representativa, essencial para dar lugar e destinos às pulsões; o recalque originário é falho, e as cadeias simbólicas que poderiam fazer a função de paraexcitação não se formaram de modo consistente. A pulsão não satisfeita não será transferida por meio de recursos simbólicos, como em um funcionamento predominantemente neurótico; ela será evacuada ora no corpo, ora em atos, e isso terá importantes repercussões no que se passa na relação analítica e nas vicissitudes do tratamento. Da mesma forma, a interpretação como instrumento de re-ligação de afetos e representações apartados pelo recalque não encontrará a mesma eficácia, pois o recalque não é a defesa predominante; os analistas precisam lidar com as recusas, cisões e com a ausência de simbolização – diante disso, os modos de interpretação precisaram ser alargados.

Freud (1937/1989v) já havia notado, de certa forma, que em alguns casos a interpretação não dava conta da complexidade do trabalho analítico, razão pela qual propôs, ao final de sua obra, o conceito de construção. Tal conceito foi apontado como a principal contribuição de Freud para a clínica dos pacientes-limite por alguns autores, mas penso que cabem aqui algumas ressalvas.

De acordo com o próprio relato de Freud em *Um estudo autobiográfico* (1925/1989u), entre os anos de 1915 (*Artigos sobre metapsicologia*) e 1923 (*O Ego e o Id*) seu interesse se movimentou do estudo dos conteúdos recalcados para o estudo das forças recalcadoras. A partir daí, começou a interessar-se por temas como a resistência, a compulsão à repetição e o próprio funcionamento do Eu. Embora mencione outros mecanismos de defesa – como a recusa – e outras patologias além da neurose – como a psicose e a perversão –, o recalque e a neurose foram seus principais objetos de estudo, mantendo a interpretação como o principal correspondente técnico para o trabalho com o recalque, mesmo diante dessa mudança de interesse.

De acordo com Laplanche e Pontalis (1967): "a interpretação está no centro da doutrina e da técnica freudiana. Poderíamos caracterizar a psicanálise pela interpretação, isto é, pela evidenciação do sentido latente de um material [...] o objetivo principal é fazer surgir recordações patogênicas inconscientes" (p. 246).

Os autores ainda comentam que a interpretação está presente desde as origens da psicanálise, aparecendo nos *Estudos sobre a histeria* (1893-95), mas só depois da *Interpretação dos sonhos* (1900/1989b) e do progressivo abandono da hipnose e da catarse como técnicas terapêuticas é que a interpretação conquistou o lugar central na psicanálise.

Entretanto, às voltas com as dificuldades que impunham os tratamentos analíticos, às voltas com a resistência, com a reação terapêutica negativa, com a compulsão à repetição e com a rocha da castração, Freud (1937/1989v) começou a pensar que nem tudo poderia ser propriamente interpretado, introduzindo a ideia de construção:

> [...] *sua tarefa [do analista] é a de completar aquilo que foi esquecido a partir dos traços que deixou atrás de si ou, mais corretamente,* construí-lo [...] *seu trabalho de construção, ou, se preferirem, de* reconstrução, *assemelha-se muito à escavação feita por um arqueólogo, de alguma morada que foi destruída e soterrada, ou de algum edifício antigo. Os dois processos são de fato idênticos* [...] *(p. 293, o primeiro grifo é do autor, o segundo é meu).*

Contudo, continua Freud, o analista trabalha em melhores condições que o arqueólogo, pois:

[...] todos os elementos essenciais estão preservados; mesmo coisas que parecem completamente esquecidas estão presentes, de alguma maneira e em algum lugar, e simplesmente foram enterradas e tornadas inacessíveis ao indivíduo. Na verdade, como sabemos, é possível duvidar de que alguma estrutura psíquica possa realmente ser vítima de destruição total. Depende exclusivamente do trabalho analítico obtermos sucesso em trazer à luz o que está completamente oculto (p. 294, grifo meu).

Freud ainda afirma que a construção do analista deveria resultar na recordação do paciente, embora nem sempre isso aconteça. Ele procura explicar o porquê, dizendo:

O "impulso ascendente" do reprimido, colocado em atividade pela apresentação da construção, se esforçou por conduzir os importantes traços de memória para a consciência; uma resistência, porém, alcançou êxito – não, é verdade, em deter o movimento –, mas em deslocá-lo para objetos adjacentes de menor significação (p. 301, grifo meu).

Dessa forma, nos parece que Freud continua apostando que o caminho do tratamento analítico passa pela recordação dos elementos recalcados, e que a construção também incide sobre estes dois elementos: a recordação e o recalque, como a interpretação.

De fato, não se trata de discordar de Freud sobre o fato de a recordação dos elementos recalcados ser grande parte do trabalho analítico, sobretudo quando se trata de uma neurose ou das partes neuróticas de um paciente. O que se pretende colocar em discussão será: quais devem ser as intervenções empregadas nos tratamentos em que o que predomina não é o recalque, nem a neurose? Tal questionamento ocupa todos os analistas que se dedicam a refletir acerca das patologias-limite.

Freud dizia num trecho já citado: "é possível duvidar de que alguma estrutura psíquica possa realmente ser vítima de destruição total". Não se trata de discordar de Freud também nesse ponto, entretanto – tendo em vista que as estruturas psíquicas não são dadas *a priori* e que elas necessitam ser constituídas ao longo do desenvolvimento do sujeito –, o que se coloca em questão é o que ocorre quando existem falhas nessa constituição, pois são dessas falhas mais primitivas que padecem os pacientes-limite.

Depois de Freud, os conceitos de interpretação e construção foram modificados e ampliados. Vidermann (1990) propõe uma diferença entre re-construção, que pode ser realizada a partir do material que sofreu o recalque propriamente dito (ou secundário); e a construção que se pode fazer dos elementos do recalque originário, aqueles que nunca poderão retornar à consciência. Nisso, tem-se como tarefa do analista colaborar para a construção desses elementos, suficientemente distantes dos elementos originários para que possam transpor a censura e, de algum modo, apresentarem-se mais próximos da consciência. Cabe lembrar que o recalque originário, segundo Laplanche e Pontalis (1967), é:

> *Processo hipotético descrito por Freud como o primeiro momento da operação do recalque. Tem como efeito a formação de um certo número de representações inconscientes ou "recalcado originário". Os núcleos inconscientes assim constituídos colaboram mais tarde no recalque propriamente dito pela atração que*

exercem sobre os conteúdos a recalcar, conjuntamente com a repulsão proveniente das instâncias superiores (p. 434, grifo meu).

Entretanto, o que desejo destacar aqui é que, quando os psicanalistas contemporâneos (André, 2004; Mayer, 2001, 2004; entre outros) sugerem a "construção" como fundamental no tratamento dos pacientes *borderline*, compreendo que estão fazendo referência a algo diferente das construções na acepção freudiana. Pois aquela não está relacionada com a produção de sentido a partir de elementos recalcados, mas está se referindo a algo que está aquém do recalque. A ideia de construção, nesses autores, parece estar mais relacionada à diferenciação proposta por Vidermann (1990), que recai sobre a constituição do recalque originário. Esse, se não estiver firmemente estabelecido, não funciona como ponto de imantação e aderência dos elementos do recalque secundário que formarão parte das barreiras e dos limites psíquicos, dos quais tanto carecem os pacientes-limite. E, dessa forma, faço uma ressalva à afirmação de que o conceito de construção é a principal contribuição de Freud para a clínica dos pacientes-limite. As construções que parecem necessárias aqui são construções de representações que enlacem as pulsões, bem como construções de espaços e limites psíquicos que as contenham e as transformem.

Com os pacientes-limite, o desafio técnico será trabalhar com pouco auxílio das associações livres e sonhos, dada a precariedade da rede simbólica; será trabalhar por vezes sem o recurso à neurose de transferência, pois, como afirma André (2004), "a experiência *borderline* em psicanálise começa aí onde a neurose de transferência não começa [...] perdendo a neurose de transferência, a análise perde também seu aliado natural" (p. 76). Que caminhos nos restam, então?

A técnica modificada, o manejo e a ampliação da noção de interpretação

A ideia de que o enquadre clássico concebido por Freud apresenta limitações no tratamento de pacientes *borderline* está presente desde as contribuições de Winnicott e, atualmente, grande parte da literatura psicanalítica sobre a clínica de pacientes-limite (Giovacchini, 1990; Gaddini, 1990; Slochower, 1991; Painceira Plot, 1997; Mayer, 2001, 2004; Uchitel, 2002A; Figueiredo, 2003; Cardoso, 2004; entre outros, além do próprio Green, examinado mais detidamente neste trabalho) enfatiza a necessidade de estabelecimento de um *setting* mais flexível, inspirada nas orientações desse autor.

Para Winnicott (1963/1983j), o trabalho do analista com esses pacientes deveria estar muito mais relacionado a retomar o desenvolvimento emocional lá onde foi interrompido do que com a análise do inconsciente propriamente dita, implícita no modelo da neurose. Nas psicoses, que Winnicott (1963/1983i) identifica com os pacientes *borderline* – e não nas neuroses –, é que se imagina a possibilidade de autocura, quando um evento novo da vida real do paciente pode dar provisão ambiental e restabelecer o processo de maturação que estava interrompido. O tratamento é aproximado da reprodução de uma relação com a mãe suficientemente boa. Ele escreve:

> *Para o neurótico, o divã, o calor e o conforto podem simbolizar o amor da mãe. Para o psicótico seria mais correto dizer que essas coisas* são *a expressão física do amor do analista. O divã é o colo ou o útero do analista, e o calor é o calor vivo do corpo do analista. E assim por diante* (Winnicott, 1947/2000b, p. 283, grifo do autor).

No texto *Classificação: existe uma contribuição psicanalítica à classificação psiquiátrica?* (1959-1964/1983a), Winnicott traça um histórico das modificações na teoria psicanalítica, afirmando que a ideia de um desenvolvimento instintivo pré-genital o levou à elaboração do conceito de regressão a pontos de fixação como aquilo que explicava os diferentes tipos de doenças. Dessa forma, a classificação era relacionada aos pontos de fixação, e no centro de tudo estavam o complexo de Édipo e a angústia de castração: as doenças eram as neuroses. Entretanto, Freud já havia falado na dependência do bebê em relação aos pais e no desamparo primordial. A partir disso, uma nova linguagem foi criada para a descrição dos casos *borderline* e distúrbios de caráter, considerados como distúrbios narcisistas por esse autor. A incapacidade da psicanálise em tratar esses pacientes foi atribuída, desde Ferenczi, a uma dificuldade da técnica diante da qual o método terapêutico poderia se adaptar sem perder suas características. Contudo, me parece fundamental a ampliação do arcabouço metapsicológico para sustentação das mudanças e flexibilizações da técnica, esforço ao qual procuro contribuir com esse trabalho.

Winnicott elaborou uma teoria própria sobre o desenvolvimento emocional primitivo levando em conta, de um lado, a observação da relação mãe-bebê, e, de outro, o tratamento de psicóticos e crianças com tendências antissociais. Em termos técnicos, Winnicott privilegiou o manejo do enquadre (*handling*) e o *holding* para a instauração de um momento de regressão analítica que viabilizasse a retomada do desenvolvimento emocional a partir do ponto em que foi interrompido por interferências do ambiente.

Winnicott sempre enfatizou a importância do diagnóstico para uma decisão sobre a condução de cada caso, assinalando que, para certos quadros, há a necessidade de uma *técnica modificada*. Winnicott (1962/1983f) escreve:

Gosto de fazer análise e sempre anseio pelo seu fim. A análise só pela análise para mim não tem sentido. Faço análise porque é o que o paciente necessita. Se o paciente não necessita de análise, então faço alguma outra coisa (p. 152).

Mas, em geral, análise é para aqueles que querem, necessitam e podem tolerá-la. Quando me defronto com o tipo errado de caso, me modifico no sentido de ser um psicanalista que satisfaz, ou tenta satisfazer, as necessidades de um caso especial. Acreditando que este trabalho não-analítico pode ser melhor feito por um analista que é versado na técnica psicanalítica clássica (p. 154).

Winnicott (1954/2000e) divide os casos em três nosografias baseadas no momento em que o desenvolvimento emocional foi interrompido, relacionando cada uma dessas categorias com uma derivação da técnica psicanalítica: (1) pacientes que funcionam em termos de pessoas inteiras, cujas dificuldades têm relação com problemas interpessoais e para os quais a psicanálise clássica se aplica; (2) pacientes com personalidades que acabaram de começar a se integrar. Trata-se da análise da posição depressiva e para os quais a análise clássica também se aplica, mas o elemento mais importante é a sobrevivência do analista; e (3) pacientes cuja personalidade não está integrada e nos remete aos estágios mais iniciais do desenvolvimento emocional. Nestes, o trabalho recai sobre o manejo, sendo às vezes a análise dos conflitos inconscientes deixada de lado para que o manejo ocupe a totalidade do espaço.

Esses pacientes, cuja personalidade não está integrada, formam o que Winnicott entende por casos *borderline*, para os quais o termo psicótico é mais apropriado do que neurótico (Winnicott,

1960/1983c, p. 148). Nesse sentido, Winnicott (1955-1956/2000f), considera que:

> Sempre que há um ego intacto e o analista pode ter certeza dos cuidados iniciais, o contexto analítico revela-se menos importante que o trabalho interpretativo. (Por contexto entendo o somatório de todos os detalhes relativos ao manejo) [...]. No trabalho que estou descrevendo, o contexto torna-se mais importante que a interpretação. A ênfase é transferida de um aspecto para o outro (p. 395, grifo meu).

Winnicott deixa clara a ineficácia da interpretação clássica nesses casos e procura descrever como a regressão pode realizar uma modificação no quadro do paciente. Nas suas palavras (1971/1990):

> Como se efetuam essas mudanças na capacidade do paciente? Temos como resposta: não é através da operação da interpretação a influenciar diretamente o funcionamento do mecanismo psíquico que elas ocorrem [...]. Nesse caso, e em outros semelhantes, descobri que a paciente necessitava de fases de regressão à dependência na transferência, com a consequente experiência do pleno efeito da adaptação à necessidade que, de fato, se baseia a capacidade do analista (mãe) em identificar-se com o paciente (bebê). No decurso desse tipo de experiência, há uma quantidade suficiente de fusão com o analista (mãe) para permitir ao paciente viver e relacionar-se sem necessidade de mecanismo identificatórios projetivos e introjetivos. Depois vem o penoso processo pelo qual o objeto é separado

> *do sujeito e o analista se separa, sendo colocado fora do controle onipotente do paciente. A sobrevivência do analista à destrutividade que é própria dessa mudança e a ela se segue, permite que aconteça algo de novo, que é o uso, pelo paciente, do analista, e o início de um novo relacionamento baseado em identificações cruzadas (p. 185-186, grifo meu).*

Nesse processo, para além da identificação do analista-mãe com o seu paciente, surge a identificação, constitutiva do psiquismo, do paciente com o analista-mãe.

Para Winnicott (1960/1983b), uma interpretação do analista nesses quadros pode ser o equivalente a uma antecipação da mãe que atrapalha o desenvolvimento espontâneo do *self* do bebê. Com intervenções baseadas em seus conhecimentos teóricos, o analista pode parecer ser muito esperto, mas o efeito da interpretação é geralmente traumático. Winnicott comenta em diversos momentos de sua obra como foi importante para ele aprender a reter as interpretações para si e assim não atrapalhar o desenvolvimento natural da transferência (entre eles, 1971/1975).

No texto *Aspectos clínicos e metapsicológicos da regressão no contexto analítico* (1954/2000e), Winnicott apresenta uma lista dos elementos do *setting* clássico proposto por Freud e comenta que o *setting* tem relação com a maneira como o analista se comporta, sendo que esse comportamento é essencial numa dada fase da análise que envolva regressão. Ou seja, a psicose e os casos *borderline* são decorrência de uma falha no ambiente que impede o desenvolvimento natural do *self*, e então se cria um falso *self* como proteção. O *setting*, ao reproduzir a maternagem suficientemente boa, faz um convite à regressão que permite que esse desenvolvimento seja retomado. Só então desejos instintivos são tornados realizáveis e tudo isso é repetido inúmeras vezes, até que a experiência de onipotência seja consistente e o paciente esteja pronto para a fase de desilusão.

Anos depois, Winnicott (1963/1983i) reforça sua ideia:

> Quando um psicanalista está trabalhando com pessoas esquizoides (chame isso de análise ou não), as interpretações visando o insight se tornam menos importantes, e a manutenção de uma situação adaptativa ao ego é essencial. A consistência da situação é uma experiência primária, não algo a ser recordado e revivido na técnica do analista [...]. Ver-se-á que o analista está sustentando o paciente e isso muitas vezes toma a forma de transmitir em palavras, no momento apropriado, algo que revele que o analista se dá conta e compreende a profunda ansiedade que o paciente está experimentando. Ocasionalmente o holding pode tomar uma forma física, mas acho que o é somente porque houve uma demora na compreensão do analista do que ele deve usar para verbalizar o que está ocorrendo [...]. No tratamento das pessoas esquizoides o analista precisa saber tudo que se refere às interpretações que possam ser feitas, relativas ao material apresentado, mas deve ser capaz de se conter para não ser desviado a fazer esse tipo de trabalho, que seria inapropriado, porque a necessidade principal é a de apoio simples ao ego, ou de holding (p. 215-217, grifos meus).

Num texto sobre o tema da interpretação, Winnicott (1968/1990) reconhece que grande parte da comunicação do paciente se dá por via não verbal, porém pensa que o analista não está autorizado a usar esse material, nem sequer o material que surge em resposta a uma pergunta do analista, pois não surgiu espontaneamente, como uma associação livre. Para Winnicott a forma mais simples, e segura, de interpretação é a devolução ao paciente do que ele comunicou; uma espécie de espelhamento. Embora alguns analistas considerem esse tipo de trabalho inútil, pois não incide sobre o recalque, Winnicott defende sua realização argumentando que sua importância está em o paciente poder corrigir a compreensão do analista, mas, especialmente, no fato de que a comunicação do paciente é geralmente realizada por uma parte que está dissociada e que, quando o analista devolve a comunicação, está tentando falar com a pessoa total do paciente, promovendo uma integração da parte dissociada, ou seja, incide sobre a cisão.

Winnicott (1968/1990) ressalta também nesse artigo a importância do momento em que uma interpretação é dada ao paciente: tarde demais ela pode ser inócua, e cedo demais pode levar o paciente muito além de onde ele está. Para o autor, isso não é desejável, pois pode levar o paciente a reagir a essa intrusão, retraindo-se. Assim, nesse artigo, escrito nos anos finais de sua obra, Winnicott não menciona o *holding* nem por um momento, marcando muito mais o cuidado que os analistas devem ter ao interpretar, num espírito parecido com o de Freud em *Psicanálise "silvestre"* (1910/1989e), e em nada se preocupa em marcar uma diferença entre a interpretação (como espelhamento) e o *holding*. Em outros momentos, Winnicott declara que faz interpretações ocasionalmente por duas razões: se não as fizer, o paciente pensa que ele entende tudo; fazendo-as, *ele não acerta sempre e retém assim uma qualidade externa*. Também as faz porque as interpretações mobilizam forças intelectuais, e isso só não é adequado quando a dissociação é grande demais. Entretanto, alerta para a realização de interpretações curtas. Winnicott comentou, então, em algumas passagens de sua obra, como foi importante para ele aprender a reter as interpretações para si e, assim, não atrapalhar o desenvolvimento natural do paciente, favorecendo a submissão, correndo o risco de contribuir para o desenvolvimento de um falso *self*.

Como enfatiza Giovacchini (1990), a proposta de Winnicott não significa que a análise dos conflitos seja empurrada para um segundo plano. Contudo, a aquisição de uma estrutura psíquica passa a ser incluída nos objetivos terapêuticos, diante do qual o ambiente de sustentação (*holding*) ganha sua importância. Não se alterou o valor atribuído à interpretação, mas pacientes graves necessitam previamente da criação de um ambiente de sustentação para que então as interpretações se tornem significativas. Além disso, Giovacchini aponta que pacientes neuróticos podem ter momentos regressivos em que necessitem mais do manejo do que de uma interpretação.

Winnicott constrói assim uma proposta clínica que flexibiliza o *setting* no tratamento de pacientes *borderline*, ampliando a concepção de interpretação e valorizando os atos do analista no manejo do *setting*, para com isso possibilitar a regressão e então a retomada do desenvolvimento lá onde este foi interrompido. Um exemplo de manejo do *setting* como prioridade em relação à interpretação pode ser encontrado no relato do tratamento de Piggle, a menina que foi atendida por Winnicott dos 3 aos 5 anos, conforme a demanda. Não se tratava de um caso considerado *borderline*, e o relato das sessões está repleto de interpretações clássicas de suas angústias. Contudo, há uma passagem que ilustra o que entendo que Winnicott (1977/1987) quer dizer com priorizar o manejo do *setting*:

> *Ela estava brincando com o trenzinho e o barbante:*
> *"Assim tá melhor, tá curto demais. Eu tenho que abai-*

xar um pouco". *Falou-me sobre o trem verdadeiro no qual ela veio. Ele tinha de ser movido por um barbante muito forte.* "Brinque, por favor [...] *(Havia uma carroça para alguns soldados). Susan (a irmã) às vezes vira as coisas de cabeça pra baixo. Eu não fico com raiva por causa disso (empurra o trenzinho pra longe)".* "Oh... o senhor quer que eu arrume as coisas?" *(Alusão óbvia).* "Pode deixar por minha conta" *[responde Winnicott]. Gabrielle (Piggle) saiu com o pai, deixando por minha conta toda a confusão e desordem. Confronte isso com sua arrumação cuidadosa e negação da desordem, anteriormente. Gabrielle mostrou agora confiança crescente em minha capacidade de tolerar desordem, sujeira, coisas internas, incontinência e raiva (p. 97).*

Nesse trecho, Winnicott não interpreta as angústias de Piggle que dizem respeito à raiva e à "bagunça interior" que a chegada da irmã mais nova provocou em sua vida. Winnicott maneja o *setting*, ficando com a bagunça de forma a comunicar, em ato, que pode suportar a confusão em que Piggle se encontra, independentemente de sua origem; garante a ela que haverá um adulto que a ajudará a dar significado para suas aflições. O manejo do enquadre pode ser então compreendido como uma flexibilização das regras estáveis do enquadre em momentos específicos, a fim de garantir a adaptação do enquadre às necessidades do paciente, assim como a mãe suficientemente boa se adapta a seu bebê.

Gaddini (1990) destaca ainda que podemos distinguir dois tipos diferentes de interpretação: desejo e necessidade. Isso baseada numa passagem de Winnicott numa carta a Clifford Smith, de 1953: "diria que desde que experienciei a regressão, com mais frequência faço interpretações em termos de necessidade e com bem menos frequência em termos de desejo". Um exemplo dessa diferença seria: "você precisa que eu o veja neste fim de semana, em vez de você gostaria que eu desistisse do meu fim de semana para ver você", o que estaria na trilha errada e, na realidade, equivocado, segundo a autora.

Weich (1990) propõe ainda que a forma da interpretação pode ser mais importante que seu conteúdo, e que a linguagem pode agir como um objeto transicional, afirmando também que um lapso por parte do analista pode não ser apenas sinal de uma contratransferência perturbada, mas de uma interpretação mais regredida ou primitiva. Nesse sentido, Little (1992) escreve:

> *Para os que sofrem com elas [loucura ou doença mental] o som das palavras ditas pode ser mais importante, mas não o seu sentido,* de modo que a interpretação verbal não adianta muito, e precisam ser encontrados outros meios de lidar com a ansiedade (p. 86, grifos da autora).

Porém, se em certos momentos Winnicott claramente priorizava o manejo do *setting*, em outros ele contribuiu para uma indiferenciação entre o *holding* (modalidade de manejo) e o que por fim denomina de interpretação; foi, assim, ampliando essa noção. Com Winnicott, a interpretação não será mais apenas a intervenção do analista que desvela um conteúdo latente ou *re-liga* afetos a representações que foram tornadas inconscientes por efeito do recalque, como formulou Freud para o tratamento dos neuróticos. Com Winnicott, a interpretação ganhará uma dimensão criativa. Seguirá o modelo de relação mãe-bebê concebido por ele, no qual a mãe, identificada com o seu bebê, interpretará o mundo para ele. Assim, a interpretação psicanalítica após Winnicott *cria* sentidos.

Por vezes, essa modalidade de interpretação irá coincidir com o *holding* que realiza a sustentação da ilusão de onipotência, isso ocorre quando o paciente sente criar aquilo que é oferecido pelo analista e o paradoxo encontrado/criado é mantido.

Cabe relembrar que o *holding*, que é um dos principais conceitos de Winnicott, *grosso modo*, corresponde ao analista perceber imediatamente as necessidades do paciente se colocando em lugar equivalente ao da mãe suficientemente boa, que é capaz de, a partir de um processo de identificação, sustentar a ilusão de onipotência do paciente. Ou seja, sustentar a ilusão de que ele cria seus objetos de satisfação, pelo tempo necessário até que o paciente comece a formar em si objetos transicionais (e, portanto, um espaço potencial) que sirvam de apoio nos momentos de desilusão.

O *holding* tem como consequência, sobretudo, a constituição da tópica psíquica como concebida por Winnicott, uma diferenciação de espaços (dentro/objeto subjetivo; fora/objeto objetivamente percebido, entre/objetos transicionais e espaço potencial). O *holding* não se coloca em relação ao sentido latente dos conflitos psíquicos, nem opera no trânsito inconsciente-consciência do material recalcado. Contudo, o que desejo sugerir aqui é que o *holding* tem também consequências tópicas no sentido freudiano, pois, na medida em que sustenta a ausência do objeto, contribui para o surgimento das representações, base da diferenciação Eu/não Eu, da capacidade de adiamento da descarga e do deslocamento da libido, bem como da formação do Ego por meio das identificações.

No texto *Retraimento e regressão* (1954/2001), Winnicott marcou a diferença entre esses dois conceitos, afirmando que a regressão é um retraimento provocado pelo manejo do analista que "traz consigo a oportunidade de correção de uma adaptação *inadequada* presente na história passada dos pacientes" (p. 261, grifo do autor). Já o retraimento, fora da situação analítica, é um retorno à dependência que não traz nenhuma possibilidade de mudança para o paciente. Contudo, o que nos interessa nesse texto é que Winnicott apresenta seis episódios nos quais acredita que sua intervenção favoreceu o processo de regressão do paciente, pois o segundo desses episódios será o ponto de partida para uma reflexão sobre a ampliação da noção de interpretação.

Nesse episódio, Winnicott conta que o paciente tentou usá-lo como substituto do pai ao pedir-lhe um conselho. Winnicott discutiu o assunto, mas esclareceu que o paciente precisava dele como analista, e não como substituto paterno. O paciente em seguida dormiu: nas palavras de Winnicott, o paciente se retraiu. Ao acordar, contou a Winnicott que se retraiu, pois estava fugindo de algo. Winnicott disse então a seu paciente que "seu retraimento era uma fuga da experiência dolorosa de estar exatamente entre o acordar e o dormir ou entre falar comigo relacionalmente e retrair-se" (1954/2001, p. 255). O paciente, em resposta, comunica a ideia de estar encolhido, embora não o estivesse concretamente, e, ao realizar essa comunicação, faz um movimento com as mãos. Winnicott fez imediatamente o que ele denomina "uma interpretação". Ele disse:

> [...] ao falar de si como estando encolhido e se movimentando, você está sugerindo a existência de algo que naturalmente não está descrevendo, por se tratar de algo que escapa a sua consciência, você está sugerindo a existência de um meio *(grifo meu)*.

Ao que o paciente respondeu: "algo como o óleo onde as rodas se movem". Winnicott, refletindo acerca de sua intervenção, escreveu:

Tendo assimilado a ideia de um meio que lhe fornecia um holding, ele passou a descrever com palavras o que havia mostrado com as mãos [...] a partir dessa interpretação do meio, pude desenvolver o tema da situação analítica e, juntos, elaboramos uma exposição bastante clara das condições especializadas fornecidas pelo analista e dos limites da capacidade do analista se adaptar às necessidades do paciente (1954/2001, p. 255, grifo meu).

Como resultado da intervenção, Winnicott avaliou que ao colocar um "meio" à volta de seu *self* retraído, converteu o retraimento do paciente em regressão. Sua interpretação *criou* uma representação simbólica de algo que o paciente só poderia até então experienciar com o analista. Winnicott inclui assim na noção da interpretação a criação de novas ligações entre experiências e afetos e suas nomeações e representações imagéticas e de palavras. Winnicott dá ênfase ao papel interpretativo da mãe suficientemente boa que, por meio da identificação com seu bebê, é capaz de nomear com precisão aquilo que vinha sendo apenas experienciado como terror sem nome e que nos braços da mãe ganha diferentes contornos: fome, frio, cólicas, medo, solidão, frustração, satisfação, repleção, apaziguamento etc.

Esse aspecto preambular do *holding* e sua diferença para com a interpretação clássica podem ser observados no caso de Margaret Little (1992). Antes de iniciar sua análise com Winnicott, Margaret passou por outras duas análises. É importante citar alguns pontos, ainda que muito brevemente, para que se notem as diferenças. A primeira análise, com um jungiano, termina de modo curioso, pois ele diz a Margaret que ela não precisa mais de análise, e, sim, apenas de uma síntese. É curioso não pela ideia de síntese, pois, num certo sentido, se pensarmos com Winnicott que Margaret precisava de um trabalho de integração, é possível dizer que o analista junguiano tinha uma boa intuição do que era necessário: uma síntese. O que é curioso é que, ao dizer a Margaret que ela não precisa mais de análise, ele a encaminha a Ella Sharpe, uma analista da Sociedade Britânica com quem Margaret permanece em análise por seis anos.

Sobre a análise de Margaret com Ella Sharpe há um parágrafo no livro que resume bem o que se passava. Ela escreve:

> *O quadro global de minha análise com a Srta. Sharpe é o de luta constante entre nós, ela insistindo em achar que o que eu dizia era devido a um conflito intrapsíquico relacionado com a sexualidade infantil, e eu tentando dizer-lhe que os meus problemas reais eram questões de existência e identidade: eu não sabia "quem era", a sexualidade (mesmo conhecida) era totalmente irrelevante e sem sentido, a menos que a existência e a sobrevivência pudessem ser tidas como certas, e a identidade pessoal pudesse ser estabelecida (Little, 1992, p. 35).*

Havia, assim, de um lado, uma analista fazendo interpretações dos conflitos edipianos, que poderiam até existir, e, de outro, uma analisanda tentado argumentar que o mais urgente eram questões pré-edípicas, como diz Margaret: questões relativas à sua existência. Não se pode afirmar que as interpretações dos conflitos edipianos formuladas por Ella Sharpe eram incorretas, porém, o trabalho realizado posteriormente com Winnicott mostra que havia um trabalho psíquico anterior, constitutivo, que necessitava ser realizado antes que essas interpretações pudessem ser aproveitadas pela paciente. Sobre sua análise com Winnicott, ela relata:

> No começo da análise, depois de uma crise aguda de gastroenterite [...] continuei a me sentir muito doente, exausta fisicamente e profundamente deprimida. Não conseguia ir me encontrar com D. W. para as minhas sessões. Ele foi à minha casa – cinco, seis e às vezes sete dias por semana, durante três meses. Cada sessão durava noventa minutos. Em quase todas, eu simplesmente ficava deitada chorando, amparada por ele. D. W. não me pressionou, ouviu minhas queixas e demonstrou que reconhecia o meu sofrimento e podia suportá-lo (Little, 1992, p. 54).

Contudo, é importante esclarecer que o manejo do *setting* e o *holding* são geralmente muito mais sutis, e a própria Margaret se preocupa em esclarecer isso. Ela explica em seu relato que Winnicott utilizava o *holding* num sentido "literal" – como esse aí descrito – e utilizava o *holding* num sentido "metafórico", o que significava um controle da situação e caracterizava um contato em todos os níveis com qualquer coisa que estivesse acontecendo com o paciente, fornecendo um ambiente onde era seguro estar. Lugar onde Margaret podia se apresentar no seu próprio ritmo e ser ela mesma; onde ela não tinha que se controlar, como pedia insistentemente sua mãe desde quando ela era muito pequena; onde suas percepções não eram loucas, mas faziam laço com a realidade. Winnicott procurava responder as perguntas da paciente de forma direta, depois se preocupava em pensar sobre o significado delas e não tinha medo de ser espontâneo, chorando ao escutar Margaret relatar a perda de uma amiga, ou dizendo com todas as letras: "Eu realmente *odeio* a sua mãe" (Little, 1992, p. 48, grifo meu).

Winnicott em diversos momentos de sua obra ressalta a importância da sobrevivência do analista diante dos ataques de pacientes regredidos. Essa sobrevivência fica clara diante de Margaret em alguns momentos. Um deles ocorre logo nas primeiras sessões de análise e se revela por meio do que podemos compreender como um manejo do *setting*. Na primeira sessão, depois de um longo momento de paralisia, Margaret se levanta e anda pela sala. Ela pensa em se atirar pela janela, pensa em atirar os livros no chão e, por fim, quebra um vaso de lilases brancos. Na sessão seguinte, Winnicott diz a Margaret que ela quebrou algo que era muito importante para ele, mas repõe um vaso idêntico. Winnicott não se esquiva de dizer o que sente, não elabora uma interpretação. E, ao repor o vaso, *mostra* que pode sobreviver aos ataques, ainda que não goste deles nenhum pouco.

Ainda sobre a oposição que proponho entre o manejo do *setting* e a interpretação mãe-bebê de um lado, e a interpretação em seu sentido mais clássico de outro, há uma passagem no livro que pode esclarecer um pouco mais esse ponto. Winnicott diz a Margaret: "Sua mãe é imprevisível, caótica e estabelece o caos ao seu redor" (p. 50). Diante dessa fala, Margaret escreve: "*seu comentário sobre a minha mãe foi uma revelação (não uma 'interpretação' analítica)*. Ele tornou possível e lícito para mim compreender muitas coisas que eu já sabia, havia observado ou me disseram" (p. 51, grifos meus). A fala de Winnicott é muito mais uma descrição do que se passava do que uma comunicação de um conteúdo inconsciente; é uma intervenção que cria um sentido novo. Colocada no tempo certo, esse sentido pode parecer ter sido encontrado pela paciente; se assim for, essa intervenção se constitui como um *holding* que sustenta o paradoxo encontrado/criado e liga o afeto vivido a uma representação imagética e de palavra que permite que tal experiência possa ser pensada. Não poderia ser denominada de construção no sentido freudiano, pois não se faz a partir de reminiscências do recalcado, mas é sem dúvida uma intervenção que opera na construção de uma rede psíquica que dê conta de moções pulsionais. A fala de Winnicott estabelece para Margaret uma diferenciação, uma distância, entre ela e a mãe, entre o caos experienciado e a origem do caos. Aqui há uma contribuição do analista para a construção de um objeto fora do Eu, de um objeto objetivamente percebido. É uma intervenção que incide sobre a tópica psíquica não somente no sentido winnicottiano (objeto subjetivo/objeto transicional/objeto subjetivamente percebido), mas também no sentido das tópicas freudianas, pois essas se apoiam na primeira diferenciação Eu/não Eu constituída pela externalização do objeto no sentido winnicottiano.

Ogden (1982/1992) reitera que no trabalho com pacientes mais perturbados a interpretação verbal terá um papel relativamente pequeno; frequentemente são sentidas como *aliens* ou tendo pouco a ver com o que se passa, pois

> *esquizofrênicos e pacientes* borderlines *severos são frequentemente incapazes de um funcionamento mental como esse (simbólico), e a técnica deve ser modificada no sentido de uma "interpretação silenciosa" até que uma capacidade adequada de simbolização e de diferenciação* self-*objeto tenha sido desenvolvida (p. 54).*

Tendo como pano de fundo o último dos esquemas apresentados no Capítulo 2, imagino que Margaret – assim como tantos outros pacientes-limite, aprisionada num estado de indiferenciação com a mãe (objeto primário), não pôde constituir com clareza os limites entre Eu/não Eu. Ainda que outros limites do psiquismo, como a diferença entre inconsciente/consciente e até mesmo a diferença entre Ego/Id/Superego tenham recebido algumas marcas, podemos imaginar que essas diferenciações tópicas, que quiçá se organizaram, se apoiam em alicerces demasiadamente esmaecidos, comprometendo o seu funcionamento e fazendo com que o que está fora desses limites (a pulsão sem representação) seja mais importante e urgente do que os conflitos entre essas instâncias, propriamente denominados de psíquicos. Trata-se do "funcionamento em exterioridade" descrito por Brusset (2006, 2013).

Essa ideia da função interpretante da mãe (ou objeto primário) fará eco com as ideias de Bion e Anzieu. Não me aprofundarei na teoria desses autores, mas cabe dizer que, para Bion (1962/1991), a mãe, por meio de sua capacidade de *rêverie* e de sua função alfa, deverá transformar os elementos beta (experiência emocional bruta) em elementos alfa, que podem ser pensados; transmitindo nesse percurso não apenas elementos já metabolizados, mas também a capacidade de metabolizar por si mesmo e a possibilidade de formação de um aparelho de pensar. Sem essa capacidade restará ao sujeito evacuar as tensões, no corpo e em atos. Já para Anzieu (1989), "a massagem deve se tornar mensagem". Ao ser cuidado fisicamente, o bebê deve receber um "banho de palavras" que irá permitir que a criança progressivamente diferencie uma face interna e uma externa, formando um continente para dar sentido as suas experiências. Nos contatos significantes a mãe demonstra em ação que interpretou corretamente as necessidades do bebê, contribuindo para a formação de um envelope de bem-estar, narcisicamente investido: "ilusão tranquilizadora de um duplo narcísico omnisciente a sua permanente disposição" (p. 49), escreve Anzieu.

A importância da função interpretante se apresenta no percurso analítico de Ana,[1] mas há uma sessão que o manejo estabelece um divisor de águas em relação a sua resistência ao espaço analítico. Ana chega à análise encaminhada por um médico que a interna após uma severa crise de asma. Ana convive com a asma desde a infância, mas estava bem controlada com a medicação adequada

---

1 Esse caso foi discutido em outro texto: Junqueira, 2016b.

até o momento em que perdeu seu emprego e passou a depender do marido, com quem relata uma relação afetivamente distante. A princípio, Ana não pode pensar qualquer relação entre a perda do emprego e da estabilidade financeira e o agravamento das crises de asma; parece-lhe uma coincidência sem qualquer sentido. Muito resistente ao processo analítico, mas submissa ao encaminhamento médico, Ana relata aos poucos sua história. Deixa-me saber de sua origem extremamente humilde e da situação precária de sua primeira infância, quando permanecia suja no berço que dividia com o irmão enquanto sua mãe se dividia entre os cuidados da casa, da roça e de uma prole extensa. Conta que é imensamente grata a uma tia que a trouxe para São Paulo, no início de sua adolescência, para o tratamento da asma. Estava muito triste, pois sem emprego não conseguia mais ajudar essa tia. Conta-me que começou a trabalhar muito cedo para pagar os remédios do tratamento da asma e para ajudar a tia, mas não vê sentido em relacionar a perda do emprego com o agravamento da asma, pois está mantendo o tratamento medicamentoso. Associar o sufoco financeiro pelo qual Ana e sua família passavam com a sensação de sufocamento pela asma lhe parecia sem sentido, "coisa de psicóloga", ela dizia.

Ana sentava-se sempre na ponta da cadeira com a bolsa no colo, como se já estivesse de saída. Nessa sessão ela fala da ausência de respostas aos currículos que entregou, sente falta de ar, busca a bombinha na bolsa, alterna entre puxar o ar e tossir, penso se ela vai vomitar, pois ela já havia me contado que quando as crises eram fortes, tossia muito e até vomitava. Com um gesto, coloco sua bolsa na cadeira ao lado, empurro seu ombro para que ela encoste-se à cadeira e lhe entrego uma caixa de lenço. Ela relaxa e até parece adormecer por poucos minutos. Aos poucos ela volta a falar e continua a se queixar da ausência de respostas.

Nas sessões seguintes a mudança é visível. Ela ocupa a cadeira e a sala de outra forma. Ainda é difícil pensar nas associações que procuro traçar entre seu sofrimento físico e sua situação financeira e emocional, mas ela parece mais receptiva e mais apropriada no seu lugar. Queixava-se que não obtinha respostas, talvez como quando estava suja no berço também não tivesse respostas, mas recebe por meio do meu ato, que transborda à fixidez do *setting* clássico uma resposta de cuidado. Meu ato foi impensado do ponto de vista consciente, mas, pelo seu efeito, imagino que ele tenha sido gestado na minha relação com Ana, e tenha apresentado a elaboração das identificações projetivas de desamparo que eu recebia e do cuidado que ela necessitava. Por vezes eu ficava identificada com sua solidão, me sentindo sozinha em meus pensamentos, que não conseguiam acessá-la; encontro por meio desse ato uma forma de cuidar sem ser invasiva, impondo um sentido, mas apenas lhe ajeitando em sua cadeira-berço. Este ato, que entendo como manejo pelo seu efeito, também pode ser aproximado daquilo que denomina Ogden (1996) como ação interpretativa: "comunicação que o analista faz ao analisando de sua compreensão de um aspecto da transferência-contratransferência, por intermédio de uma atividade outra que não a simbolização verbal" (p. 104).

Ter aceitado de Ana os presentes que me trazia (comida), assim como aos funcionários da instituição onde foi atendida, também se constituiu como parte importante do manejo, dizer em ato que eu poderia aceitar suas produções e sua forma de retribuir o cuidado que sentia que recebia me parece ter sido fundamental para Ana constituir um lugar próprio, mais autoral e implicado nas relações afetivas. Até a perda do emprego Ana era uma pessoa que funcionava bem, exercia tarefas, cuidava da casa, filhos e marido, mas sem qualquer prazer ou dor, apenas fazia, se colocava como mera coadjuvante do enredo da vida dos que a cercavam. Possivelmente mantinha tal desimplicação com a vida emocional por meio de cisões e daquilo que Green descreve como "posição fóbica central" (ver Capítulo 3), em que a pulsão irrepresentada e sem vinculação erótica promove um importante trabalho de desligamento e de desobjetalização, atacando os vínculos, tornando-a indiferente à vida. É apenas no contexto do trabalho analítico que Ana consegue dar ouvidos à queixa muito antiga dos filhos que não tinham sua própria cama e que revezam as camas e o sofá entre eles e com ela, e consegue, então, relacionar essa bagunça de lugares a uma lembrança infantil que sempre estivera presente em sua memória, mas desligada de qualquer sentido: como se sentia mal por dividir as roupas, inclusive as peças íntimas, com os irmãos. *"Éramos tratados como um rebanho"*, ela pôde formular depois, ao perceber que nunca havia sentido que tinha uma existência própria, única.

Desse modo, podemos compreender o manejo como o comportamento do analista que é produto de uma elaboração de questões do paciente, por vezes inconsciente, que o permite sustentar a ilusão de onipotência. Entretanto, o que gostaria de destacar e que me parece bastante interessante na clínica é a ideia de que as interpretações clássicas que *re-ligam* afetos às representações terão consequências dinâmicas e econômicas, operando na passagem dos conteúdos inconscientes para a consciência, bem como atuando sobre a tensão existente entre os conflitos psíquicos. Já o manejo e a interpretação que segue o modelo de relação mãe-bebê tendem a ter consequências tópicas, a *criação* de elos de ligação entre afetos e representações aliadas à criação da representação da ausência é o que permite que se suporte a falta e se adie a descarga, contribuindo não apenas para a construção de estruturas que realizam a paraexcitação das pulsões, mas também para a diferenciação Eu/não Eu, traçando os primeiros limites do psiquismo, o que chamamos neste trabalho de terceira tópica, sobre os quais se apoiarão as demais fronteiras psíquicas.

Quando Ana consegue perceber como, a seu modo, reproduzia a confusão de lugares próprios entre si e os filhos e consegue pensar sobre isso é que posso supor que ela ganhou algum grau de discriminação entre si mesma e essa "bagunça herdada", entre Eu e não Eu.

Todavia, a ampliação da noção de interpretação não aconteceu isoladamente, a observação do vínculo entre mãe e bebê e a ampliação do escopo da psicanálise para o tratamento de psicóticos e *borderlines* teve inúmeras repercussões na teoria e na técnica. Apresentarei algumas dessas repercussões, que foram importantes para a clínica dos pacientes-limite e mais especialmente contribuem para a metapsicologia dos limites que desejo tecer aqui.

O enquadre, o enquadre interno do analista e a transferência sobre o enquadre

A partir do enquadre clássico, baseado na neutralidade e na abstinência, bem como na associação livre e atenção flutuante, o recalcado irá se transferir para a figura do analista; a libido que não pôde encontrar satisfação na realidade buscará satisfação na relação analítica por meio dos mesmos disfarces utilizados pelo processo onírico: condensações e deslocamentos. Tendo isso em vista, Green denomina de "modelo do sonho" o modelo desenvolvido por Freud para o processo analítico das neuroses (Urribarri, 2012a). A atuação na transferência (*agieren*) de que nos fala Freud (1914/1989j) estará a serviço de impedir a rememoração, mas, por outro lado, direcionada ao analista, poderá ser interpretada, o que permite ao paciente religar afetos e representações apartados pelo recalque, pressuposto para a elaboração de conflitos psíquicos. Ao inibir o polo motor, a neutralidade e abstinência tendem a favorecer a representação simbólica dos afetos e conflitos que darão um "salto como fala", como nos ensina Green (1990), e assim a situação analítica "desenluta a linguagem".

Entretanto, como se tem observado há décadas, o enquadre clássico nem sempre se instala. Os pacientes-limite também são definidos como pacientes que nos colocam nos limites da técnica analítica. Impossibilitam a estabilidade do *setting* clássico por meio de seus numerosos pedidos de exceções no que se refere a mudanças de horário, substituição de sessões perdidas, diferenças no contrato de pagamento. Além disso, esses pacientes são geralmente escutados face a face, mais do que deitados no divã. O silêncio do analista lhes remete com frequência a um mal-estar inominável que pode ser associado a um vazio interno (Green, 1980/1988c). Além disso, têm dificuldade de associar livremente, dada a contundência das cisões e da fragmentação das cadeias associativas que Green descreve como "posição fóbica central" (explicitada no Capítulo 3).

Green, ao teorizar sobre esses pacientes, irá denominar de "modelo do ato" o que se passa na relação analítica. Esse autor irá nos ensinar que, sem o recurso à representação, a pulsão não satisfeita irá se evacuar no corpo ou em atos, provocando repercussões no enquadre analítico; tais atuações serão diferentes das atuações transferenciais (*agieren*), pois a evacuação da excitação será imperiosa e não incluirá o simbólico; o modelo econômico se aproxima do modelo das neuroses atuais (Junqueira, 2006).

Por outro lado, como vimos, Winnicott (1954/2000) já havia apontado que, para certos pacientes que ainda não passaram pelo processo de integração da personalidade, como psicóticos e *borderlines*, o estabelecimento de um enquadre será mais importante que o trabalho interpretativo. Green (1980/1988c), em consonância com Winnicott, concebe o tratamento dos casos-limite como uma reedição da relação materna:

[...] utilizando o enquadre como espaço transicional, faz do analista um objeto sempre vivo, interessado, acordado pelo seu analisando e testemunhando sua vitalidade pelos laços associativos que comunica ao analisando, sem nunca sair da neutralidade. Pois a capacidade de suportar a desilusão dependerá da forma como o analisando se sentir narcisicamente investido pelo analista (p. 262).

Dessa forma, Green ainda afirma que o investimento do analista pode devolver a vida à parte criança do analisando identificada com a mãe morta. O enquadre deve propiciar a construção da estrutura enquadrante que faz falta aos pacientes não neuróticos. A presença viva e a ausência gradativa do analista permitem que o enquadre opere como mediação entre a pulsão e o objeto, entre a força e o sentido, e opere no estabelecimento do duplo limite (interno/externo e consciente/inconsciente), tendo incidências na tópica. É isso que imagino que tenha acontecido com Ana, permitindo que ela criasse uma noção de dentro (de continente) capaz de conter a pulsão e transformá-la em pensamento, diminuindo assim as evacuações no corpo.

Em 1975, Green começou a desenhar as diferenças no enquadre dos atendimentos de pacientes neuróticos e de pacientes-limite. Ele ressalta que na neurose a transferência domina e o analista é anônimo, assim como o objeto da pulsão é substituível e as limitações impostas pelo enquadre, seja ao polo motor, seja às gratificações, têm a função de favorecer a simbolização. Contudo, nas patologias-limite não há substituições e deslocamentos, há uma oscilação entre a exclusão objetal e a fusão com o objeto. O enquadre nesses casos mantém o objetivo de favorecer a simbolização, não apenas re-ligando, mas criando sentidos. "Também é função do contexto tolerar extremas tensões e reduzi-las, através do aparelho mental do analista, a fim de chegar eventualmente àqueles objetos do pensamento capazes de ocupar o espaço potencial" (Green, 1975/1988b, p. 58). A relação intersubjetiva que constitui o enquadre será um campo de processamento das questões intrapsíquicas.

Noutro texto, Green (2001) enfatiza que o enquadre é um campo de forças. É a partir de sua definição que podemos tomar consciência das forças que se manifestam por meio da transferência que estão ligadas ao passado, mas também se presentificam no enquadre. O campo de forças que o enquadre clássico autoriza expressar, mas não atuar, permite a avaliação da capacidade de representação do sujeito e de elaboração por meio da verbalização. Além disso, permite aclarar as relações intra e intersubjetivas, bem como os mecanismos de funcionamento do Eu. Green reconhece que há aqui um juízo de valor acerca das representações em oposição às passagens ao ato, à alucinação, à despersonalização e à somatização.

Contudo, quando estamos diante do irrepresentável – daquilo que não se torna palavra –, o enquadre mostra seus limites, o que de certo modo também informa sobre o caso tanto quanto a transferência nas neuroses. Nas situações em que um enquadre estável não pode ser implementado, temos que encontrar outras soluções. Para Green (2001), "o que falta, nesses casos, é a distância necessária que permitiria esquecer a presença do outro, colocar a pessoa do analista entre parênteses, como deve acontecer em toda análise, para fazer derivá-la para seus modelos históricos" (p. 22). É o que ele denomina "patologia do encontro", diferente de algo que passou e que se repete.

Ana não podia me "dar trabalho", repetia na relação comigo o que havia experienciado no berço compartilhado ou como parte do rebanho; quanto mais autônoma pudesse ser, mais garantida estaria sua passagem nesse mundo. O outro não poderia ser onerado com suas demandas. Ana investigou e soube que meu trabalho era voluntário, eu não recebia o dinheiro que ela pagava à instituição; talvez por isso burlasse o *setting* trazendo comida como retribuição e se recusando ao atendimento gratuito que era possível. Poder me dar trabalho sem retribuições diretas foi o resultado de um percurso. Assim, como nos ensina Green (1980/1988c), o que se passa na análise dos pacientes-limite é a internalização de uma experiência, e não o trabalho sobre uma experiência já internalizada.

Anos depois, Green vai começar a desenvolver a ideia de que o enquadre deve ter a função de terceiro, criando assim um espaço para que o objeto exista em sua alteridade, o que implica sua ausência e é essencial para o processo de simbolização. A tentativa do analista é que o enquadre se coloque como um "espaço intermediário" nas oscilações entre a exclusão objetal e a fusão objetal que predominam no funcionamento limite. De acordo com Urribarri (2012a), o enquadre como terceiro é

> *o que permite que o investimento e o compromisso do analista não naufraguem no canibalismo da dualidade [...]. Com as estruturas não neuróticas, o trabalho do analista tem como meta estabelecer a funcionalidade pela terceiridade que a transferência limítrofe tende a bloquear* (p. 223).

Ainda em relação ao enquadre, Green (2008) vai diferenciar a matriz ativa, invariável, constituída pela associação livre e pela atenção flutuante, do estojo (hora, local, frequência e pagamento), variável, dentro do qual a matriz ativa vai operar. Diante dessa diferenciação, e diante das grandes variações que podem constituir o estojo nas patologias-limite, nas quais a simbolização será precária e as evacuações, atos dessimbolizantes e o retorno do clivado dominarão a cena, Green vai enfatizar a importância do "enquadre interno" do analista. Formado durante o seu próprio percurso de análise, o enquadre interno do analista será fundamental uma vez que o funcionamento das patologias-limite restringe a utilização do enquadre clássico, baseado no modelo do sonho, constituído por Freud (Urribarri, 2012a). O enquadre interno é que permite ao analista manter a função interpretante no sentido amplo, ou seja, a função que *re-liga* mas que também *cria* sentidos; é o que garante que o trabalho analítico independentemente do formato do "estojo" e, de certo modo, independentemente de se esse ocorre dentro ou fora do estojo – corroborando com a ideia de que é possível manter a função analítica mesmo diante de momentos de necessidade de ampliação do *setting* clássico.

Urribarri (2012b, 2015) nos explica que o enquadre interno do analista cria uma interface entre o intrapsíquico e o intersubjetivo e demanda participação do pré-consciente do analista, que, por meio de seu trabalho de figurabilidade, pode colaborar com o trabalho de representação do paciente, contendo e transformando uma dinâmica transferencial que transcende a capacidade representacional do paciente ao usar os recursos psíquicos do analista para ser posta em palavras. Esse autor ainda nos adverte que, quando o irrepresentável invade a sessão analítica, frequentemente impõe uma ruptura ao enquadre, mas simplesmente interpretar isso como um ataque não ajuda... "o paciente atua e compartilha algo de sua loucura com o analista na sessão. Da maneira como é possível para ele. Se pudesse fazê-lo de outra forma, provavelmente teria ido ao cinema", ironiza Urribarri (2015, p. 242). Sobreviver a essa ruptura e reconhecer que há ali um convite para outros jogos analíticos é parte essencial do trabalho com esses pacientes e é o que nos permite incluir os transbordamentos do *setting* no trabalho analítico.

Candi (2010, 2015), a partir de Green, nos lembra que o enquadre serve para instaurar um limite, um dentro e um fora, que nós podemos associar à ideia de "duplo limite" (dentro/fora e inconsciente/consciente), que justamente é falho nos pacientes não neuróticos, favorecendo os transbordamentos do *setting*.[2] Quando os parafusos não têm seus sulcos bem forjados, espanam quando muito apertados. De forma análoga, os pacientes-limite que têm falhas nas fronteiras do seu psiquismo evacuam suas angústias impensáveis no corpo ou em ato diante de um enquadre extremamente enrijecido que os pressiona (em vez de produzir representações ou sintomas). Na medida em que o "duplo limite", ou as fronteiras psíquicas, ganha consistência com o processo de análise, o enquadre pode ser respeitado: é o que nos diz Roussillon (1995) ao inverter a máxima de Bleger (1967), afirmando que é o processo que instaura o que seria o "não processo", ou seja, que é a análise que permite a instauração do enquadre, e não o contrário; e assim o enquadre, que Bleger definiu como não processo, se torna também parte do processo.

Já para Roussillon (2012c) o enquadre merece atenção, sobretudo em relação aos pacientes com questões narcísico-identitárias, pois ele simboliza a simbolização; ele escreve: "sobre o dispositivo tende a se transferir especificamente a história da relação do sujeito com a função simbolizante, a história de seus sucessos, mas também de seus avatares na tarefa de subjetivação das condições de simbolização" (p. 70), assim, os ataques ao enquadre podem ser vistos como tentativas de "simbolizar a dessimbolização", de trazer o não simbólico para o campo intersubjetivo da análise que poderá simbolizá-lo; será pela reconstrução que se poderá juntar a história traumática à situação clínica, pela explicitação do vivido

---

2 A ideia de "duplo limite", de Green, e a importância do espessamento deste no tratamento de pacientes não neuróticos foi desenvolvida em outro texto: Junqueira, 2016b.

no presente e não tanto pela interpretação de um passado que se atualiza como repetição. Com Ana isso se explicita pelo processo de burlar o enquadre, retribuindo à analista em comida diante da constatação de que o trabalho era voluntário. Foi esse seu comportamento que trouxe para a relação analítica a impossibilidade de ser cuidada em seu desamparo pelo simples fato de existir e não pelo que faria para retribuir.

Sobretudo para os sofrimentos narcísicos-identitários, é a estabilidade do vínculo que poderá permitir a organização de um enquadre estável, que será sacudido nos momentos difíceis. Assim, Roussillon (1995) inverte a proposição de Bleger, afirmando que é o processo clínico que permite que o dispositivo seja um não processo, é uma conquista progressiva, e não um dado imediato à instauração da análise. De acordo com Roussillon, nesses casos o dispositivo deve se adaptar ao paciente, assim como a mãe se adapta ao bebê promovendo a ilusão de onipotência, o dispositivo deve ser encontrado/criado seguindo o paradoxo winnicottiano.

Roussillon (s.d.) se interessa por pensar a "transferência sobre o enquadre", ou seja; se há uma forma de transferência específica sobre o enquadre. Baseado em Ferenczi, vai afirmar que o que se projeta no enquadre não é um simples deslocamento da transferência sobre a figura do analista: "esse processo sobre o enquadre é também estreitamente conectado com certas conjunturas clínicas particulares e particularmente difíceis, resistentes a análise clássica e dominadas por certos processos de clivagens autísticas [...]". Não se trata de um simples deslocamento. Quando Bleger (1967) propõe um depósito no enquadre das partes simbióticas da personalidade, isso também não pode ser pensado como um simples deslocamento: "ele implica uma clivagem e talvez mais" (p. 3), escreve Roussillon. Por outro lado, esse autor explicita que essa ideia de uma transferência sobre o enquadre já se faz presente em Freud

(1914/1989j) quando este relata que seu paciente escondia seu tratamento assim como escondeu suas primeiras atividades sexuais. Essa repetição permitiu que a vergonha se presentificasse na relação analítica e pudesse então ser elaborada. Dessa forma, afirma Roussillon (1995):

> *a clínica deve incluir a hipótese de que a repetição pode ter um traço de uma moção pulsional que escapa ainda ao universo simbólico [...] o comportamento, o ato, a ação podem não mais ser simplesmente considerados como uma defesa contra o psíquico, eles podem aparecer como um signo em busca de reconhecimento, como o processo de semaforização (p. 12).*

Todo comportamento é lido como uma mensagem, e os comportamentos em relação ao *setting* não devem ser vistos de outro modo, ainda que contenham transbordamentos. A partir dessa perspectiva, pode-se dizer que numa relação intersubjetiva nada será exclusivamente sem representação, pois ganhará sentido a partir do encontro com o outro. Além disso, afirma:

> *[...] a relação transferencial sobre o enquadre reproduz, repete a história da constituição do transicional dos avatares históricos, seus sucessos e seus fracassos [...]. [...] não é o enquadre que será analisado, mas sim aquilo que por meio da relação transferencial com o enquadre aparece vindo das condições/pré-condições históricas/pré-históricas da representação e que, portanto, será mais passível de reconstrução do que de interpretação (Roussillon, 1995, p. 15).*

Marta[3] é uma jovem que, em face do agravamento da depressão materna, praticamente substitui sua presença nas sessões por mensagens de celular que chegam a qualquer hora. Junto com Roussillon, podemos pensar que ela não está atacando o enquadre proposto pela analista, está apenas comunicando que naquele momento não suporta a proximidade instalada na sessão, regulada por horários fixos fora do seu controle. Interpretar o comportamento de Marta como resistência à análise ou como dificuldade em relação ao complexo de castração e à diferença de geração talvez a tivesse afastado do processo. De outro lado, permitir que Marta regulasse o ritmo e a distância da relação a permitiu viver, nesse momento de depressão materna, uma relação de cuidado com a analista, quando por meio do celular ela poderia se manter a certa distância, mas acessar a analista a qualquer hora do dia, recebendo contorno para o que estava vivendo, transferindo ao enquadre a necessidade de um contato fusional, mas com distância controlada por ela, que mantinha sua ilusão de onipotência encontrando/criando a analista a seu tempo. Com Green, podemos pensar que foi possível sustentar essa situação e ocupar o lugar demandado pela paciente, pelo tempo necessário até que a situação se desfizesse, devido à existência de um enquadre interno que me permitia estar e não estar fusionada com a paciente.

Nos pacientes-limite, a falha na inscrição psíquica de um objeto primário consistente e continente que organize o psiquismo e sustente a ausência do objeto mantém a pressão para sua expressão apesar da cisão que se instala; não encontrando meios de simbolização, tal ausência é atuada e frequentemente transferida ao enquadre. O transbordamento pulsional e o desamparo geralmente são vividos pela dupla analítica por meio de desencontros que se

---

3 Esse caso será retomado adiante e foi mais amplamente debatido em outros textos: Junqueira (2015, 2016a).

presentificam em ruídos no *setting*. Contudo, esses transbordamentos não devem ser entendidos como a simples evacuação de uma ansiedade insuportável ou como tentativas de ataque à análise. A transferência sobre o enquadre, além de ser uma forma de comunicação do mundo interno do paciente, se apresenta nesses pacientes como uma oportunidade ao analista para instalação de uma *cena* que poderá resultar numa reorganização do funcionamento psíquico. Explorarei mais adiante a ideia da cena simbolizante que se vive na relação analítica a partir da apresentação do conceito de *enactment* e dos casos de Ana e de Marta.

Aspectos da contratransferência, da identificação projetiva e do enactment

A contratransferência foi inicialmente compreendida por Freud (1910b, 1915c) como produzida pelos pontos cegos do analista, constituindo-se como um obstáculo para o processo analítico que deveria ser reconhecido e dominado. Tamburrino (2016) faz uma ressalva a essa leitura, fazendo referência e colocando em discussão o termo em alemão. Essa autora afirma que Freud propunha não o domínio da contratransferência, mas que esta fosse *elaborada* pelo analista a fim de não se tornar um obstáculo para a análise. A contratransferência exige, assim, um trabalho psíquico por parte do analista para que possa ser integrada ao processo analítico.

No entanto, para a clínica dos pacientes-limite, a contratransferência ganhará um lugar fundamental quando compreendida como uma forma de comunicação de aspectos inconscientes ligados a questões primitivas ou à parte psicótica da personalidade do paciente (nos quais predominam as cisões) e que virá iluminar a compreensão da transferência. Será com Heimann (1950/1987) e Racker (1959/1982) que a contratransferência passará a ser tomada como instrumento para compreensão da transferência no contexto do desenvolvimento das teorias das relações de objeto. Cabe mencionar que, um pouco antes deles, Balint (1949-1952), havia sinalizado a partir de sua reflexão sobre as mudanças nos objetivos e nas técnicas terapêuticas que a atenção aos elementos formais (não verbais) do discurso alteraram a forma como se percebia a transferência. Gradualmente a transferência passou a ser percebida como um fenômeno das "relações de objeto", uma vez que a relação do analista com seu paciente também é libidinal, seja denominada de contratransferência ou de outra coisa. Mas foi apenas em 1950, num *addendum* a esse texto, que Balint nomeou a passagem da psicanálise da *"one-person-psychology"* para uma *"two-person-psychology"*, apontando a importância de se ampliar a visão do processo analítico para uma relação que é essencialmente intersubjetiva, na qual a contratransferência é parte essencial.

Heimman (1950/1987) vai afirmar que a análise do analista deveria capacitá-lo a discernir e sustentar os sentimentos suscitados pelo paciente para usá-los a favor do processo, e evitar que se descarregue sobre o paciente re-atuando seu conflito na relação analítica. Ela escreve: "Isso irá proteger o analista de entrar como um coadjuvante na cena em que o paciente re-encena na relação analítica e de utilizá-la para suas próprias necessidades" (p. 142). Cabe apontar que a autora não estende a contratransferência ao conceito de *enactment*, que será explicitado adiante e que só aparecerá posteriormente na psicanálise; contudo, me parece que a ideia do campo analítico como palco para a re-encenação de questões inconscientes já está implícita. Para Racker (1959/1982), a contratransferência será um meio para a compreensão da transferência desde que elaborada pelo analista, pois a contratransferência se constitui como uma identificação do analista com os objetos internos do paciente e será regida, assim como a transferência, pela compulsão à repetição e pela resistência.

Porém, quando pensamos nos usos da contratransferência, devemos também levar em conta que há uma mudança de perspectiva quando estamos diante de casos em que as partes neuróticas não são predominantes e o que será transferido pelo paciente serão angústias arcaicas com representações simbólicas precárias, somadas a descargas pulsionais que serão evacuadas no analista e no enquadre, além de nos atos e no corpo, como já mencionado. Nesses casos, a contratransferência será ainda mais importante na construção de um pensamento clínico acerca do funcionamento do paciente em questão. Minerbo (2012) nos aponta que, quando estão em jogo aspectos pouco simbolizados "o paciente vem fazer o analista sentir, mais do que escutar, algo de si que ele não pode perceber" (p. 68).

No entanto, o uso da contratransferência como instrumento de observação desses pacientes seria mais simples se fosse possível para o analista manter claros os limites entre seu eu e o do paciente, mas a clínica de pacientes com núcleos psicóticos importantes foi revelando que há uma pressão por parte do paciente para o borramento desses limites, que não dependem exclusivamente da análise do analista. A precariedade dos limites psíquicos e a indiferenciação com o objeto primário se transfere para a relação analítica e para o enquadre, e se apresenta nesses transbordamentos. A observação do fenômeno da identificação projetiva e sua conceitualização nos fazem perceber as complicações que esse processo pode trazer para a relação analítica caso não seja identificado.

Zaidan (2017) sugere que o fenômeno da identificação projetiva foi percebido por Freud quando este discute a possibilidade da telepatia e da comunicação de inconsciente para inconsciente. Porém, a identificação projetiva foi inicialmente descrita por

Klein (1946) como uma defesa primitiva do *self* que expulsa aspectos intoleráveis, bem como uma forma de controle do objeto.

Já com Bion (1962/1991) a identificação projetiva foi concebida como uma forma de comunicação primitiva entre o bebê e a mãe, que permite os estados de *rêverie* materna. O bebê evacua na mãe os terrores que não pode suportar, a mãe, por meio de sua função alfa, simboliza esses elementos e permite que o bebê possa reintrojetá-los já transformados. A mãe ajuda o bebê a tolerar a frustração pela ausência do objeto, e é na ausência do objeto que surge o aparelho de pensar que poderá conter os elementos simbolizados pela função alfa. Com Ogden (1982/1992), a noção se ampliará como instrumento clínico fundamental para a transformação de afetos e objetos internos. Esse autor definirá a identificação projetiva como:

> *estados de sentimento [feeling states] correspondendo a fantasias inconsciente de uma pessoa (o projetor) são engendradas em e processadas por outra pessoa (o recipiente), isto é, o modo pelo qual uma pessoa faz uso de outra pessoa para experienciar e conter aspectos de si mesmo (p. 1).*

Enquanto a contratransferência está fortemente enlaçada com os aspectos do analista, e por isso necessita ser elaborada para que seja utilizada como fonte de informação sobre o paciente, a identificação projetiva será a utilização do analista como continente depositário, guardião e transformador de afetos insuportáveis ao paciente. Porém, é importante ressaltar que a identificação projetiva não deverá ser devolvida em estado bruto ao paciente, pois isso seria re-traumatizante. O analista precisa processar o material e devolvê-lo de forma que o paciente possa integrá-lo em sua rede simbólica. De acordo com Ogden (1982/1992):

originalmente, usar palavras para interpretar o que esta acontecendo entre paciente e terapeuta é o meio mais econômico, direto e preciso de se comunicar com o paciente. Quando interpretações são tratadas pelo paciente como ameaças perigosas à integridade do seu senso de self, o terapeuta deve encontrar outra forma de se comunicar com o paciente para facilitar o processo de reintrojeção da projeção do paciente (p. 66).

Dessa forma, para esse autor, as interpretações silenciosas são fundamentais e representam parte de um diálogo interno em que o analista tenta fazer sentido para si sobre o que está sendo depositado nele, e corroboram aquilo que Green denominou de "pensamento clínico", que será ainda mais fundamental para o manejo dos pacientes-limite.

Como vimos até agora, a contratransferência e a identificação projetiva tratam de como o analista se sente e pensa em relação a seu paciente, mas há também outro fenômeno, especialmente comum na relação analítica com pacientes *borderline*, o qual diz respeito a quando a analista se vê impelido a agir, contracenando com o paciente e constituindo uma cena simbolizante. Já mencionei o manejo e a ação interpretativa como uma forma de devolver em ato ao paciente algo elaborado pelo analista. Mas essa não é a única possibilidade.

O *enactment* surgiu como conceito na década de 1980, em proximidade com as noções de identificação projetiva (Ogden, 1982/1992) e de contratransferência (Jacobs, 1986), sendo compreendido como uma encenação na relação analítica de elementos cindidos que operariam como empecilho para o processo analítico enquanto não fossem compreendidos. Ao longo das últimas décadas os *enactments* passaram a ser percebidos em seus aspectos comunicativos e também como oportunidades para a reorganização do psiquismo (Figueiredo, 2003; Jarast, 2010; Junqueira, 2016b). Entretanto, houve também nesse período uma importante ampliação no seu espectro de significados, gerando certa polêmica em sua definição (Jacobs, 2006; Ivey, 2010), deixando o Comitê para Integração Conceitual da International Psychoanalytical Association (IPA) (Bohleber et al., 2013) incrédulo diante da possibilidade de um consenso acerca da definição do conceito. De modo geral, os *enactments* dizem respeito às ações que envolvem a dupla analítica, ações do paciente que provocam ações do analista, formando uma cena, incluindo-se nessas ações as paralisias e certos silêncios, como sugere Jacobs (1986) e Cassorla (2012, 2015) ao definir os *enactments* de tipo crônico. Dessa forma, enquanto a contratransferência seria definida como sentimentos despertados no analista em função dos conflitos inconscientes do paciente e a identificação projetiva como sentimentos dos pacientes depositados no analista, o *enactment* seria a tradução desse campo intersubjetivo em uma cena que envolve ações tanto do paciente como do analista.

Um estudo mais detido do conceito de *enactment* (Junqueira, 2015) revelou que, para além das divergências teóricas entre os autores que trabalham com o tema, as diferentes conceituações encontradas para esse termo se justificam por este ser um fenômeno que apresenta características que variam de acordo com o funcionamento psíquico em que se instala. Nas neuroses, essas encenações podem tanto estar relacionadas a elementos recalcados como resultado de um processo defensivo, relacionado a um conflito psíquico e se colocando como uma resistência à rememoração, como podem estar relacionadas a algum aspecto não simbolizado e cindido. Em ambos os casos, as encenações ocorrem de modo mais pontual ao longo do processo analítico. Já nos pacientes com funcionamento limite essas encenações ocorrem de forma mais extensa e intensa, desestabilizando o *setting* e, com frequência, resgatando elementos não simbolizados e cindidos pelo efeito de falhas no processo de constituição psíquica do qual decorre o sofrimento desses pacientes. Alguns autores chegam a apontar o *enactment* como a principal via de expressão das falhas precoces de que padecem os pacientes-limite, as dadas dificuldades de simbolização que essas falhas implicam (Jabur, 2003; Gus, 2007). Mas, em todas as suas formas, o *enactment*, que apresenta o trauma e o não simbolizado de forma mais "crua", pode ser diferenciado do manejo ou da ação interpretativa que implica um processo de elaboração do analista em sua gestação. A elaboração do *enactment* ocorre, como veremos adiante, em vias paralelas e só se mostra no *après coup*.

Cassorla (2010, 2011, 2013a, 2015, entre outros) irá desenvolver o conceito de *enactment* dentro de um referencial bioniano e irá se destacar pela extensão e intensidade de suas reflexões sobre o tema. Cassorla (2012) propõe uma diferenciação entre os *enactment*s crônicos e os agudos. Os *enactment*s crônicos mantêm as situações traumáticas congeladas e evitam o contato com a realidade, envolvendo, portanto, um conluio obstrutivo entre a dupla analítica que prejudica a capacidade de pensar de ambos. O *enactment* crônico cria uma repetição como um sonho traumático, mas, ao contrário desse, isola a ansiedade. O *enactment* crônico forma, segundo esse autor, um *não-sonho-a-dois* recrutando o analista a exercer um certo papel que mantém o *status quo*, impedindo a mudança psíquica vivida como catastrófica. O analista, tamponando o trauma, age como um escudo protetor, como uma mãe deve fazer diante das angústias impensáveis de que sofre seu bebê, pois, inconscientemente, o analista utiliza sua função alfa para metabolizar os elementos depositados nele pelo paciente. Já o *enactment* agudo, Cassorla (2010) define como "a emergência do trauma através de sua encenação na dupla". Esse não acontece nem antes nem depois, mas no momento exato em que a dupla analítica percebe que as funções mentais foram restauradas de modo suficiente, por meio da inoculação da função alfa do analista, e que é possível elaborar o trauma; o que implica uma profunda comunicação inconsciente entre as mentes do analisando e do analista.

Para Cassorla (2013b, 2015), os *não-sonhos-a-dois*, que são a matéria-prima dos *enactments* crônicos, são constituídos pelos *elementos com déficit de simbolização verbal* que são descarregados nas condutas, no corpo e ainda em alucinoses, sendo característicos das patologias-limite, e se formam quando o conluio, que caracteriza o *enactment* crônico, paralisa o processo. Entretanto, tal paralisia se apresenta de forma disfarçada, por meio de uma idealização mútua entre os parceiros da dupla, demorando a ser revelada. Elementos desconexos, sem pregnância visual, formariam algo que poderia ser mais bem descrito como não cenas ou não enredos; ligá-los e sonhá-los será função do analista. Cassorla (2010, 2013a, 2015) enfatiza que esse processo de simbolização das experiências emocionais e de restauração das funções mentais se dá pela inoculação da função alfa que ocorre durante o *enactment* crônico. Entretanto, antes de serem propriamente simbolizados, fantasiados e verbalizados, esses elementos desconexos poderão pedir passagem por meio dos *enactments*. Vão, assim, ser encenados no seio de uma relação intersubjetiva, permitindo que as experiências afetivas brutas possam, então, ser metabolizadas e sonhadas pela dupla analítica. O *enactment* crônico é mais silencioso, e sua característica principal é obturar a capacidade de pensar do analista pelo tempo necessário ao paciente para desenvolver sua capacidade de lidar com algo traumático; e embora seja frequente que o *enactment* crônico seja interrompido por um *enactment* agudo, Cassorla (2015) nos indica outras possibilidades, como a discussão com pares que favoreçam a recuperação da capacidade de pensar do analista.[4]

Voltando à substituição de Marta de sua presença nas sessões por mensagens de celular, creio que tal comportamento, que inclui as respostas da analista às mensagens, configura um *enactment*. Instalou-se entre nós uma espécie de babá eletrônica, por meio da qual eu acompanhava e reagia a seus mínimos movimentos, ora contornando com palavras sua angústia, ora acalmando, ora interpretando, ora reafirmando meu desejo por ela, por escutá-la, ora apenas me preocupando com ela. Ocupo na cena o lugar de uma mãe disponível e atenta e, diante do desenrolar do processo, da diminuição do sintoma bulímico e do colocar-se em risco, bem como do aumento da sua capacidade de espera entre as sessões, de pensar e de dar significado aos acontecimentos a seu redor, penso que esse *enactment* foi fundamental para a constituição de alguma representação da ausência que poderia sustentar a distância do objeto primário materno.

Para os pacientes-limite, assim como para Marta, o *enactment* parece desestabilizar o enquadre, arremessando o analista a momentos de fusão com o paciente quando somente o possível é atender à demanda. No entanto, é o atendimento da demanda que coloca o analista no lugar similar ao da "mãe suficientemente boa"; também permite ao analista retomar aquilo que Anzieu denominou de banho de palavras, ou seja, o contorno representativo dos afetos vividos na relação com o analista. Tal processo permite a criação das representações de objeto e de palavra que vão sustentar a ausência do objeto e permitir que, ao fim do *enactment* (ou

---

4 Em outro artigo (Junqueira, 2018), fiz uma discussão sobre os processos de *rêverie* e de figurabilidade que auxiliam na recuperação da capacidade de pensar do analista, bem como na identificação dos aspectos não simbolizados envolvidos no *enactment* e em seu manejo, assunto que foge ao escopo deste trabalho.

do momento de fusão), o paciente ganhe mais clareza em relação aos limites entre o Eu e o não Eu, e aos possíveis deslocamentos que sua pulsão pode realizar para alcançar satisfação, ainda que parcial. A cena simbolizante vivida por meio do *enactment* poderá enlaçar a pulsão com o sentido vivido na relação intersubjetiva paciente-analista. Dessa forma, o traumático poderá, quiçá, dar um "salto na fala".

Mas como podemos articular essas reflexões acerca da clínica com a metapsicologia dos limites tecida neste texto? Vamos aos passos finais dessa articulação.

Considerações finais: Por uma clínica com incidências tópicas

Para os alinhavos finais deste texto, cujos fios deixo para que outros tantos os utilizem em seu próprio tecer – como nas palavras de João Cabral de Melo Neto citadas na epígrafe –, retomarei o percurso, pois creio que mesmo para o leitor atento "os inícios" já ficaram muitas páginas atrás.

Este trabalho teve como ponto de partida a compreensão da "metapsicologia dos limites" como: parte da teoria psicanalítica que visa compreender a estruturação e o funcionamento dos limites do psiquismo, bem como parte da teoria psicanalítica que se destina a compreender a etiologia, o funcionamento e o tratamento das patologias-limite, manifestações decorrentes de falhas na constituição e no funcionamento dos limites do psiquismo. E teve como hipótese a ideia de que o giro metapsicológico exigido pelas patologias-limite se coloca menos no sentido de ampliar a diversidade de modelos teóricos – como ocorreu na história da psicanálise cada vez que uma nova patologia foi incluída –, e mais no sentido de fazer dialogar dois modelos teóricos que estão na base do pensamento psicanalítico, mas que foram historicamente separados e considerados incompatíveis, a saber: o modelo pulsional e o modelo das relações objetais.

Ainda que dialogar não signifique "fazer convergir", foi necessário avaliar com cuidado os limites até onde essas teorias podem ser "esticadas" sem deformações. Apontei as tensões históricas e políticas envolvendo a articulação dessas duas teorias, uma vez que partes das divergências puderam ser atribuídas a essas tensões. Cabe dizer também que, nesse sentido, o diálogo proposto teve a intenção de se contrapor tanto ao dogmatismo que impede a troca de conhecimento entre as teorias como ao ecletismo que realiza uma miscelânea indiscriminada entre as correntes psicanalíticas, tendo a metapsicologia como matéria-prima e a clínica como inspiração.

Procurei refletir sobre os limites teóricos dessa articulação examinando o objeto em Freud e o instinto em Winnicott, e levando em conta a proposta de Green de considerar a pulsão e o objeto um par inseparável. Tal exame me levou a propor a ideia de que Freud e Winnicott trabalham com dois níveis distintos de apreensão do *self*: o aparelho psíquico e o desenvolvimento emocional, que possuem uma relação de suplementariedade. Ou seja, tais níveis, assim como suas tópicas, não podem ser reduzidos a um único, mas são articuláveis. Quando tudo corre bem, e tanto a constituição do aparelho psíquico quanto o desenvolvimento emocional seguem seu curso e a diferenciação Eu/não Eu se estabelece de forma suficientemente consistente, é possível afirmar que o ponto de articulação das tópicas que se criam a partir desses dois níveis de apreensão do *self* se dará a partir do objeto externo. Será a qualidade e o ritmo do jogo entre a presença e a ausência do objeto externo que possibilitará a representação da ausência e o acesso do sujeito ao campo simbólico.

Seguindo os caminhos trilhados neste texto, foi possível afirmar também que esses dois níveis de apreensão do *self* poderão ser articulados pelo conceito de Green de estrutura enquadrante. Como vimos, a estrutura enquadrante é a matriz organizadora do narcisismo primário, estrutura de base do psiquismo que permite a separação do objeto; é o que estabelece o conteúdo psíquico mediante um duplo limite Eu/pulsão e Eu/objeto exterior, funcionando como uma interface entre o intrapsíquico e o intersubjetivo; é a primeira formação intermediária, constitui o espaço potencial da representação; é o que estrutura a dimensão inconsciente do Eu e do pré-consciente como um espaço transicional interior; é a sede da função objetalizante e dos processos terciários. Quando o objeto externo falha (tanto em produzir o circuito da satisfação pulsional que inscreve as representações de objeto e palavra no psiquismo como em sustentar a ilusão de onipotência pelo tempo necessário até que o bebê suporte a ausência do objeto), tal estrutura não se constitui. Quando o primeiro limite do psiquismo, que Brusset denominou de "terceira tópica" e que inscreve a diferenciação Eu/não Eu, interno/externo, não se instala suficientemente, o que observamos na clínica é um conjunto de patologias que denominamos de "limites" e que se caracterizam pelas angústias de intrusão e abandono concomitantemente, ambas relativas a essa falha.

Tecendo os fios de Freud, Winnicott e Green, pude expressar de forma gráfica essa articulação, procurando contribuir para uma ampliação da metapsicologia dos limites, respeitando os limites do diálogo e tentando evidenciar a suplementariedade desses espaços. A importância clínica desse esforço está em sustentar a ideia de uma clínica que incida sobre a dimensão tópica do psiquismo, além das dimensões dinâmica e econômica. Trata-se de ampliar a metapsicologia para sustentar uma clínica que não se faz somente a partir do simbólico, mas que cria o simbólico a partir da relação intersubjetiva do paciente com seu analista. Pois a clínica de pacientes-limite coloca um problema técnico na medida em que solicita ao analista um enriquecimento do sentido por meio de um impulso associativo e da manutenção das relações para evitar o risco de aniquilamento e de desertificação psíquica. Cria-se uma clínica *per via di porre*, bastante diferente do que demandam os funcionamentos psíquicos regidos pelo recalque e pela transferência de tipo neurótico.

A articulação das ideias dos autores estudados resultou numa proposta de conceber o Id como fronteira entre o psíquico e o não psíquico e o *self*. O *self* englobaria todo o sujeito, e o psiquismo seria, então, apenas uma parte organizada do *self* com vistas a metabolizar os estímulos pulsionais que provêm do corpo e do mundo externo, que, no encontro do objeto de satisfação, criaram os primeiros traços ou associações de objeto. No entanto, essa proposta tem a intenção de preservar lugar no *self* para o não representado, que não se reduz ao corpo biológico e que se constitui por estímulos sem objetos e traços desligados. Desse modo, tal proposta procura dar lugar aos efeitos das faltas e falhas no encontro com o objeto que fazem restar no *self* elementos não representados, bem como os efeitos das operações de recusa, de desobjetalização e de clivagem que produzem elementos expulsos para fora da rede psíquica, mas que se fazem presentes no *self*, sendo evacuados no corpo ou em atos, comprometendo o funcionamento do psiquismo e tendo reflexos na relação analítica que, em geral, transborda o enquadre clássico.

Ainda que este trabalho admita, com Green, que a pulsão e o objeto formam um par inseparável na formação do psiquismo, é fundamental ressaltar que a pulsão sem objeto é um estímulo endógeno em busca de descarga. Dessa forma, este trabalho não pretende negar a ideia de um estado/área anobjetal, que é de grande importância para a compreensão das questões dos pacientes-limite. Na realidade, pretende propor que esse estado é pré-psíquico, e que uma área anobjetal permanece no *self*, fora da organização promovida pelo aparelho psíquico. De certo modo, isso inclui na tópica psíquica o que está fora dela – somente fora, também dentro – mantendo o paradoxo dos Botella e Botella (2002), mas invertendo-o.

Da análise dos escritos de Freud sobre as neuroses narcísicas e de Winnicott e Green sobre os *borderlines* e pacientes-limite surgiu outra proposta: a compreensão dessas patologias como um "tipo específico de neurose narcísica". De acordo com essa compreensão, o que ocorre nos pacientes-limite é que esses indivíduos ficam desde muito cedo fixados no narcisismo primário. Grande parte da pulsão nunca se tornou "objetal" devido à falta de uma relação de objeto consistente com um objeto confiável. O objeto pode ter deixado seus traços, mas a instabilidade da relação não permitiu que esses traços integrassem uma rede representacional; nesse sentido, compreendo que a primeira experiência de satisfação é de certo modo análoga à primeira mamada teórica proposta por Winnicott – ambas estabelecem seus efeitos apenas na medida em que são repetidas inúmeras vezes.

Desse modo, em vez de uma regressão da libido como na maioria das neuroses narcísicas, as patologias-limite se constituiriam como um tipo específico de neurose narcísica no qual há um "não desenvolvimento" parcial da pulsão que não se libidiniza no encontro com o objeto. Esse desenvolvimento seria responsável pela constituição do aparelho psíquico em geral e pelo Eu de modo específico; mas sem encontros repetidos com um objeto primário consistente isso não ocorre. Essa fixação no narcisismo primário gera um represamento da pulsão sem objeto – pulsão de morte, fora do psiquismo, mas exercendo pressão sobre este. Diante de tal afirmação, não poderia me esquivar de ao menos tentar circunscrever que lugar é esse que se situa fora do psiquismo. Isso justifica o esforço de sistematização apresentado pelos esquemas gráficos do Capítulo 2 para situar o não psíquico. Ainda de acordo com essa compreensão, cabe ressaltar que a fixação no narcisismo primário pode ser explicada por meio das falhas ambientais, como descreve Winnicott, e o "complexo da mãe morta", introduzido por Green, ilustra o tipo específico de falha ambiental que resulta no que compreendemos como patologias-limite.

A pressão exercida sobre o psiquismo pela pulsão desobjetalizada não segue o curso da compulsão à repetição que move a formação dos sonhos, dos sintomas e da transferência sobre o analista, ou mesmo sobre os elementos do enquadre. Tal compulsão à repetição se apresenta de forma bastante disruptiva, transbordando no corpo e em atos; e, no trabalho analítico, transbordando para além da regra fundamental da análise e da fixidez do *setting* clássico, resultando nos desafios clínicos trazidos pelos pacientes-limite. Em meio a tantas exceções exigidas por esses pacientes, o percurso deste texto tem a intenção de ajudar o analista a pensar estratégias de intervenção que atendam às necessidades específicas e mais urgentes desses casos, que são relacionadas ao (re)estabelecimento dos limites do psiquismo, sobretudo o primeiro deles: a diferenciação Eu/não Eu, e não propriamente à formação de uma neurose de transferência – como pode ter sido a fala de Winnicott para Margaret: "Sua mãe é caótica e gera o caos ao seu redor". Uma reorganização psíquica que poderá ser um trabalho preambular ao trabalho de análise no seu sentido mais clássico, trabalho este que poderá se estabelecer quando algum *setting* puder se fixar e a capacidade de associação livre for criada ou restabelecida.

Freud (1905) define o trabalho psicanalítico como *"per via di levare"*. Na técnica clássica, o analista trabalha como um escultor que remove os excessos de pedra bruta revelando sua essência, em oposição ao trabalho de sugestão de que seria *"per via di porre"*. Contudo, diversos autores (Ogden, 1982/1992, 1996; Botella e Botella, 2002; Brusset, 2003; Green, 1980/1988c, 2002, 2008; Levine; Reed; Scarfone, 2013; entre outros) apontam para a importância da qualidade da presença do analista, que a meu ver irá exercer uma espécie de "suplência de objeto primário". Trata-se menos do analista arqueólogo, escavando os restos enterrados, e mais do analista arquiteto, construindo, vivendo e traduzindo *com* o paciente, permitindo ao par fazer sentido para o que fora vivido de modo traumático. Numa clínica "*per via di porre*", o par analítico cria ligações onde havia "buracos negros"; e para essas ligações tanto as *rêveries* como o trabalho de figurabilidade me parecem ser fundamentais para dar sentido para aquilo que é ora expresso no corpo, ora em atos (Junqueira, 2018).

Ana, paciente citada no Capítulo 4, esfregava seu corpo sem notar durante as sessões, o que vai diminuindo ao longo do tratamento. Naquele momento, eu associava apenas esse comportamento às feridas que Ana havia tido quando criança, antes da asma. Mas, pensando sobre a perspectiva dos limites, atualmente penso se Ana se esfregava para marcar para si os limites de um corpo que não lhe era claro, e se, na medida em que a análise pôde lhe proporcionar um novo "banho de palavras" (Anzieu, 1989), tais palavras puderam passar a conter suas pulsões e constituir pensamentos, e Ana pôde deixar de se esfregar. O enlace das pulsões que se evacuavam no corpo com representações por meio da relação intersubjetiva com a analista possibilitou o pensamento, pois aumentou a capacidade de paraexcitação, tendo indecências na tópica. A independência financeira conquistada por Ana desde muito cedo funcionava como uma espécie de escudo protetor diante do desamparo, um "autoamparo" que a mantinha sob um delicado equilíbrio psíquico. Quando essa independência financeira se rompe com a perda do emprego, Ana é arremessada de volta ao desamparo e ao abandono. Com as crises de asma, vomita, fica novamente "suja no berço". É um longo percurso até Ana poder sentir um imenso medo: do futuro, das dívidas, de passar necessidade, da perda de amor da tia por não a ajudar mais, pois a princípio vivia o medo no corpo. Acredito que essa passagem da evacuação somática para o medo, uma psiquização do terror sem nome, foi possível por um intenso investimento em nomear e criar com ela representações que funcionassem como paraexcitação do desamparo. Podendo pensar o que sentia, Ana passou a poder processar essas emoções e até a pensar ações. Aos poucos, Ana foi constituindo um continente psíquico para conter sua angústia. Ainda com medo de ser aniquilada pela instabilidade financeira, pôde aos poucos reconhecer os recursos que foi angariando ao longo da vida. Ana encerra o processo em face de uma impossibilidade de horário devido ao novo emprego, mas se vai com o desejo de continuar a pensar e com um desejo maior de pensar "as feridas que foram para dentro", com uma sensação mais consistente de um "dentro" que podia conter sua angústia de desamparo, a qual já não transbordava para o corpo tão frequentemente.

Dessa forma, penso que na clínica com pacientes-limite, em que o que se repete são sobretudo as falhas na relação de objeto primário, o analista é convocado a realizar uma função de suplência de objeto primário. O analista, se emprestando como objeto externo no qual a pulsão pode enlaçar-se, mantendo-se vivo como objeto externo que investe e se sintoniza com o ritmo do paciente, na medida necessária para propiciar a experiência de ilusão de onipotência, pode contribuir para a criação de um espessamento do limite entre Eu/não Eu. A relação intersubjetiva cria uma cena simbolizante que permite a elaboração de questões intrapsíquicas.

Quando Marta, paciente também mencionada no Capítulo 4, pôde diminuir suas atuações (bulimia e colocar-se em risco) e pôde retornar a frequentar as sessões, passou a narrar passagens de sua história passada e presente para compreender a simultânea colagem e distanciamento com sua mãe. Isso ocorre pois já havia encontrado na análise paraexcitação suficiente para suas pulsões desligadas, suplência suficiente para que pudesse permanecer íntegra na ausência do objeto primário, pois havia então um objeto primário internalizado dando consistência a sua estrutura enquadrante. Aceitar que Marta passasse um tempo substituindo as sessões por mensagens de celular parece ter sido uma flexibilização do enquadre essencial para que ela pudesse se iludir, encontrando/ criando a analista a seu tempo, e então se desiludir gradualmente, mantendo um Eu integrado a despeito das vicissitudes da realidade.

Na clínica limite o analista tem uma dupla função: cria sentido, se oferecendo como objeto de investimento numa relação intersubjetiva, e também investe seu paciente, mostrando-se vivo e interessado, como insiste Green (1980/1988c). Ao se contrapor a uma evacuação que sem essa relação ocorreria de forma des-endereçada, o analista realiza uma paraexictação dessa descarga ao viver com seu paciente uma cena, simbolizando, ainda que por meio de um *enactment*, um acontecimento emocional. Foi importante dizer a Marta que era aterrorizante para ela se ver falhar em ser o vínculo entre mãe e pai, pois isso era como deixar de ter existência. Contudo, essa fala só pôde integrar a rede simbólica e servir ao pensamento da paciente quando já lhe era possível existir fora de uma relação fusional com a mãe, quando lhe era possível se imaginar tendo vida própria.

Retomando o último dos esquemas gráficos apresentados no Capítulo 2 (Figura 2.3), pode-se observar que lá está apontada a clivagem que resulta da ausência de objetalização da pulsão. Tal clivagem mantém separadas as representações que se formam no encontro com o objeto (psíquico) dos traços que se mantêm irrepresentados pela ausência de um enlace objetal mais consistente (não psíquico). Nos pacientes-limite, essa clivagem tem uma intensidade que dificulta a relação com a realidade externa, comprometendo a diferenciação Eu/não Eu. O analista, no lugar de suplente de objeto primário, irá se oferecer como uma possibilidade de vínculo para objetalização dessa pulsão, que, como afirmei no Capítulo 3, fica represada no narcisismo primário. O resultado desse processo implica mudanças na tópica. Contudo, a clivagem entre o representado e o irrepresentado não cessará de existir completamente, mas talvez seja anuançada pela composição de um *dégradé* com diversos níveis de complexidade das ligações entre os traços, até que se tornem integrados à rede representacional. De todo modo, observa-se na clínica dos pacientes-limite, como ocorreu com Ana e Marta, que a internalização de um objeto primário mais consistente contribui para um ganho na diferenciação Eu/não Eu, mudança tópica que terá seus reflexos na economia e na dinâmica psíquicas, alterando os caminhos das angústias e das conflitivas.

Referências

ANDRÉ, J. Discovering an Umbrella. In: LEVINE, H. B.; REED, G. S.; SCARFONE, D. (Ed.). *Unrepresented States and Construction of Meaning: Clinical and Theoretical Contributions*. London: Karnac, 2013.

_____. Transferência borderline. In: CARDOSO, M. R. (Org.). *Limites*. São Paulo: Escuta, 2004.

ANZIEU, D. *O eu-pele*. São Paulo: Casa do Psicólogo, 1989.

BALINT, M. Changing Therapeutical Aims and Techniques in Psycho-analysis. In: _____. *Primary Love and Psycho-analytic Technique*. London: Hogarth Press, 1949-1952.

BARANGER, W. Conclusões e problemas a respeito do objeto. In: _____. *Contribuições ao conceito de objeto em psicanálise*. São Paulo: Casa do Psicólogo, 1994.

BERCHERIE, P. *Geographie du Champ Psychanalytique*. Paris: Navarin Editeur, 1988.

BERGMANN, M. et al. Part III: Conference Proceedings. In: _____ (Org.). *Understanding Dissidence and Controversy in the History of Psychoanalysis*. New York: Other Press, 2004a.

_____. Rethinking Dissidence and Change in the History of Psychoanalysis. In: _____ (Org.). *Understanding Dissidence and Controversy in the History of Psychoanalysis*. New York: Other Press, 2004b.

_____. Raízes históricas da ortodoxia psicanalítica. *International Journal of Psycho-analysis*, v. 78, p. 69-86, e *Livro Anual de Psicanálise*, v. XIII, p. 35-51, 1997.

BION, W. R. *O aprender com a experiência*. Rio de Janeiro: Imago, 1991. (Trabalho original publicado em 1962.)

BIRTLES, E. F. Why is Fairbairn Relevant Today: a Modernist/ Postmodernist View. In: PEREIRA, F.; CHARFF, D. *Fairbairn and Relational Theory*. London: Karnac, 2002.

BLEGER, J. *Psicanálise do enquadre analítico*. 1967. Disponível em: http://fepal.org/images/2002REVISTA/bleger.pdf. Acesso em: 11 set 2017.

BLUM. Theories of the Self and Psychoanalytic Concepts: Discussion. *Journal of the Americam Psychoanalytic Association*, v. 30, n. 4, pp. 959-978, 1982.

BOHLEBER, W. et al. Toward a Better Use of Psychoanalytic Concepts: a Model Illustrated Using the Concept of Enactment. *International Journal of Psychoanalysis*, v. 94, n. 3, p. 501-530, 2013.

BOTTELA, C.; BOTTELA, S. *Irrepresentável: mais além da representação*. Porto Alegre: Criação Humana, 2002.

BRELET-FOULARD, F. Processus de pensée. In: CHABERT, C.; BRUSSET, B.; BRELET-FOULARD, F. (Org.). *Névrose et fonctionnements limites*. Paris: Dunod, 1999.

BRUNET, L. Limites, transferts archaïque et fonctions contenantes. In: CHABERT, C. (Dir.). *Traité de psychopathologie de l'adulte: les psychoses*. Paris: Dunod, 2013.

BRUSSET, B. *Au-delà de la névrose: vers une troisième topique*. Paris: Dunod, 2013.

_____. Métapsychologie des liens et troisième topique. *Revue Française de Psychanalyse*, n. 5, p. 1213-1282, 2006.

_____. *Psychanalyse du lien: les relations d'object*. Paris: PUF, 2005.

_____. *Bulimia*. São Paulo: Escuta, 2003.

_____. Névrose e états limites (chapitre 1). In: BRELET-FOULARD, F. Processus de pensée. In: CHABERT, C.; BRUSSET, B.; BRELET-FOULARD, F. (Org.). *Névrose et fonctionnements limites*. Paris: Dunod, 1999.

CANDI, T. S. Elementos para uma metapsicologia do enquadre psicanalítico na clínica dos limites do analisável In: VOLICH, R. M, RANÑA, W. E LABAKI, M. E. P. (Org.) *Psicossoma V: Integração, desintegração e limites*. Casa do Psicólogo: São Paulo, 2015.

_____. O que está em jogo no trabalho analítico? As contribuições de André Green para a metapsicologia da situação analítica. *Revista Brasileira de Psicanálise*, v. 44, n.2, p. 111-119, 2010.

_____. A constituição do aparelho psíquico e suas implicações clínicas a partir de André Green. Tese (Doutorado em Psicologia Clínica) – Pontifícia Universidade Católica de São Paulo, São Paulo, 2008.

CARDOSO, M. R. (Org.). *Limites.* São Paulo: Escuta, 2004.

CASSORLA, R. M. S. *O psicanalista, o teatro dos sonhos e a clínica do enactment.* London: Karnac, 2015.

_____. When the Analyst Becomes Stupid: an Attempt to Understand Enactment Using Bion's Theory of Thinking. *The Psychoanalytic Quarterly,* v. LXXXII, n. 2, p. 323-62, 2013a.

_____. In Search of Symbolization: the Analyst's Task of Dreaming. In: LEVINE, H. B.; REED, G. S.; SCARFONE, D. (Ed.). *Unrepresented States and Construction of Meaning: Clinical and Theoretical Contributions.* London: Karnac, 2013b.

_____. What Happens Before and After Acute Enactments? An Exercise in Clinical Validation and the Broadening of Hypotheses. *International Journal of Psychoanalysis,* n. 93, p. 53-80, 2012.

_____. O analista, seu paciente e a psicanálise contemporânea: considerações sobre a indução mútua, enactment e não sonho a dois. *Rêverie,* v. IV, n. 1, p. 31-50, 2011.

_____. Função-alfa implícita do analista, trauma e enactment na análise de pacientes borderline. *Livro Anual de Psicanálise,* n. XXIV, p. 61-78, 2010.

CELES, L. A. Teoria da libido e teoria das relações de objeto: confronto e aproximações. *Pulsional Revista de Psicanálise,* v. XIX, n. 188, p. 5-13, 2006.

CHABERT, C.; BRUSSET, B.; BRELET-FOULARD, F. (Org.). *Névrose et fonctionnements limites.* Paris: Dunod, 1999.

CIVITARESE, G. *The Intimate Room: Theory and Technique of the Analytic Field.* London/New York: Routledge, 2010.

_____. *Truth and the Unconscious in Psychoanalysis*. London/ New York: Routledge, 2016

COELHO JUNIOR, N. Variações do lugar do objeto na psicanálise freudiana. In: SIMÃO, L.; SOUZA, M. T. C. C.; COELHO JUNIOR, N. *Noções de objeto, concepção de sujeito: Freud, Piaget e Boesch*. São Paulo: Casa do Psicólogo, 2002.

_____. Da intercorporeidade à co-corporeidade. Elementos para uma clínica psicanalítica. *Revista Brasileira de Psicanálise*, v. 44, p. 51-60, 2010

COLOMA ANDREWS, J. El concepto de pulsión en D. Winnicott. In: *Anais do III Encontro Latino-Americano sobre o Pensamento de D. W. Winnicott*. Porto Alegre: Grupo de Estudos Psicanalíticos de Pelotas, 1994.

DIAS, E. O. *A teoria do amadurecimento de D. W. Winnicott*. Rio de Janeiro: Imago, 2003.

_____. Winnicott e a teoria das pulsões. *Boletim de Novidades*, p. 51-60, 1994.

DUPRAC, F. *André Green*. São Paulo: Via Lettera, 2000.

FAIRBAIRN, W. R. D. Libido Theory Re-evaluated. In: BIRTLES, E. F.; SCHARFF, D. E. (Org.). *From Instinct to Self: Selected Papers of W. R.D. Fairbairn*. London: Jason Aronson Inc., 1994.

_____. Relaciones objetales y estructura dinámica. In: _____. *Estudio Psicoanalítico de la Personalidad*. Buenos Aires: Ediciones Hormé, 1946.

_____. Las estructuras endopsíquicas consideradas em términos de relaciones de objeto, In: _____. *Estudio Psicoanalítico de la Personalidad*. Buenos Aires: Ediciones Hormé, 1945.

_____. Factores esquizoides en la personalidad, In: _____. *Estudio Psicoanalítico de la Personalidad*. Buenos Aires: Ediciones Hormé, 1940.

FIGUEIREDO, L. C. André Green lê Winnicott. In: BEZERRA, B.; ORTEGA, F. (Org.). *Winnicott e seus interlocutores*. Rio de Janeiro: Relume Dumará, 2007.

_____. André Green. O discurso vivo. *Viver Mente & cérebro*, n. 6, p. 50-57, 2005. (Coleção Memória da psicanálise: Um futuro plural.)

_____. *Elementos para uma clínica contemporânea*. São Paulo: Escuta, 2003.

FIGUEIREDO, L. C.; CINTRA, M. E. U. Lendo André Green: o trabalho do negativo e o paciente limite. In: CARDOSO, M. R. (Org.). *Limites*. São Paulo: Escuta. 2004.

FIGUEIREDO, L. C.; COELHO JUNIOR, N. E. *Adoecimentos psíquicos e estratégias de cura. Matrizes e modelos em psicanálise*. São Paulo: Blucher, 2018.

FIGUEIREDO, L.C. Os pacientes borderline e o legado de Freud, In: FIGUEIREDO, L. C.; JUNQUEIRA, C. (Org.). *Atendimento psicanalítico de pacientes-limites*. São Paulo: Zagodoni, 2016.

FIGUEIREDO, L. C.; JUNQUEIRA, C. (Org.). *Atendimento psicanalítico de pacientes-limites*. São Paulo: Zagodoni, 2016.

FIGUEIREDO, L. C.; SAVIETO, B. B.; SOUZA, O. (Org.). *Elasticidade e limite na clínica contemporânea*. São Paulo: Escuta, 2013.

FREUD, S. Projeto para uma psicologia científica. In: _____. *Obras psicológicas completas de Sigmund Freud*. Rio de Janeiro: Imago, 1989a. v. 1. (Trabalho original publicado em 1895.)

_____. Estudos sobre histeria. In: _____. *Obras psicológicas completas de Sigmund Freud*. Rio de Janeiro: Imago, 1989a. v. 2. (Trabalho original publicado em 1893-95.)

_____. A interpretação dos sonhos. In: _____. *Obras psicológicas completas de Sigmund Freud*. Rio de Janeiro: Imago, 1989b. v. 4-5. (Trabalho original publicado em 1900.)

_____. Os três ensaios sobre a teoria da sexualidade. In: _____. *Obras psicológicas completas de Sigmund Freud*. Rio de Janeiro: Imago, 1989c. v. 7. (Trabalho original publicado em 1905.)

_____. Sobre a psicoterapia. In: _____. *Obras psicológicas completas de Sigmund Freud*. Rio de Janeiro: Imago, 1989d. v. 9. (Trabalho original publicado em 1905.)

_____. Psicanálise "silvestre". In: _____. *Obras psicológicas completas de Sigmund Freud*. Rio de Janeiro: Imago, 1989e. v. 11. (Trabalho original publicado em 1910.)

_____. As perspectivas futuras da terapêutica psicanalítica. In: _____. *Obras psicológicas completas de Sigmund Freud*. Rio de Janeiro: Imago, 1989f. v. 11. (Trabalho original publicado em 1910.)

_____. Formulações sobre os dois princípios do funcionamento mental. In: _____. *Obras psicológicas completas de Sigmund Freud*. Rio de Janeiro: Imago, 1989g. v. 12. (Trabalho original publicado em 1911.)

_____. A história do movimento psicanalítico. In: _____. *Obras psicológicas completas de Sigmund Freud*. Rio de Janeiro: Imago, 1989h. v. 14. (Trabalho original publicado em 1914.)

_____. Sobre o narcisismo: uma introdução. In: _____. *Obras psicológicas completas de Sigmund Freud*. Rio de Janeiro: Imago, 1989i. v. 14. (Trabalho original publicado em 1914.)

_____. Repetir, recordar e elaborar. In: _____. *Obras psicológicas completas de Sigmund Freud*. Rio de Janeiro: Imago, 1989j. v. 12. (Trabalho original publicado em 1914.)

_____. O inconsciente. In: _____. *Obras psicológicas completas de Sigmund Freud*. Rio de Janeiro: Imago, 1989k. v. 14. (Trabalho original publicado em 1915.)

_____. Instinto e suas vicissitudes. In: _____. *Obras psicológicas completas de Sigmund Freud*. Rio de Janeiro: Imago, 1989l. v. 14. (Trabalho original publicado em 1915.)

_____. Observações sobre o amor de transferência. In: _____. *Obras psicológicas completas de Sigmund Freud*. Rio de Janeiro: Imago, 1989m. v. 14. (Trabalho original publicado em 1915.)

_____. Conferências introdutórias à psicanálise. In: _____. *Obras psicológicas completas de Sigmund Freud*. Rio de Janeiro: Imago, 1989n. v. 15-16. (Trabalho original publicado em 1917.)

_____. Luto e melancolia. In: _____. *Obras psicológicas completas de Sigmund Freud*. Rio de Janeiro: Imago, 1989o. v. 14. (Trabalho original publicado em 1917.)

_____. Além do princípio do prazer. In: _____. *Obras psicológicas completas de Sigmund Freud*. Rio de Janeiro: Imago, 1989p. v. 18. (Trabalho original publicado em 1920.)

_____. O Ego e o Id. In: _____. *Obras psicológicas completas de Sigmund Freud*. Rio de Janeiro: Imago, 1989q. v. 19. (Trabalho original publicado em 1923.)

_____. Dois verbetes de enciclopédia. In: _____. *Obras psicológicas completas de Sigmund Freud*. Rio de Janeiro: Imago, 1989r. v. 18. (Trabalho original publicado em 1923.)

_____. O problema econômico do masoquismo. In: _____. *Obras psicológicas completas de Sigmund Freud*. Rio de Janeiro: Imago, 1989s. v. 19. (Trabalho original publicado em 1924.)

_____. A negação. In: _____. *Obras psicológicas completas de Sigmund Freud*. Rio de Janeiro: Imago, 1989t. v. 19. (Trabalho original publicado em 1925.)

_____. Um estudo autobiográfico. In: _____. *Obras psicológicas completas de Sigmund Freud*. Rio de Janeiro: Imago, 1989u. v. 20. (Trabalho original publicado em 1925.)

_____. Construções em análise, In: _____. *Obras psicológicas completas de Sigmund Freud*. Rio de Janeiro: Imago, 1989v. v. 14. (Trabalho original publicado em 1937.)

_____. Esboço. In: _____. *Obras psicológicas completas de Sigmund Freud*. Rio de Janeiro: Imago, 1989x. v. 23. (Trabalho original publicado em 1938.)

_____. *A interpretação das afasias: um estudo crítico*. Lisboa: Edições 70, 1977. (Trabalho original publicado em 1891.)

GADDINI, R. B. Regressão e seus usos no tratamento: uma elaboração do pensamento psicanalítico. In: GIOVACCHINI, P. L. (Org.). *Táticas e técnicas psicanalíticas*. Porto Alegre: Artes Médicas, 1990.

GARCIA-ROZA, L. A. *Introdução à metapsicologia*. Rio de Janeiro: Jorge Zahar Editor, 1991.

GIOVACCHINI, P. L. Regressão, reconstrução, e resolução: contenção (containment) e sustentação (holding). In: *Táticas e técnicas psicanalíticas*. Porto Alegre: Artes Médicas, 1990.

GREEN, A. *Orientações para uma psicanálise contemporânea*. Rio de Janeiro: Imago, 2008.

_____. Repérage originaire et transformations du lien de Freud a Winnicott. *Revue Française de Psychanalyse*, v. 5, p. 1569-1575, 2006.

_____. The Illusion of a Common Ground and Mythical Pluralism. *International Journal of Psychoanalysis*, n. 86, p. 627-632, 2005a.

_____. O intrapsíquico e o intersubjetivo: pulsões e/ou relações de objeto. *Revista de Psicanálise da SPPA*, v. 12, n. 1, p. 51-83, 2005b.

_____. Dissidence-Disagrement and Alternate Hypotheses for the Foundation of Psychoanalysis. In: BERGMANN, M. (Org.). *Understanding Dissidence and Controversy in the History of Psychoanalysis*. New York: Other Press, 2004a.

_____. Thirdness and Psychoanalytic Concepts. *The Psychoanalytic Quarterly*, v. 73, n. 1, p. 99-135, 2004b.

_____. André Green e a Fundação Squiggle. In: ABRAM, J. (Ed.). São Paulo: Roca, 2003.

_____. *La pensée clinique*. Paris: Editions Odile Jacob, 2002.

_____. El encuadre: su interiorización por el analista. *Zona Erógena*, v. 48, p. 21-23, 2001.

_____. The Primordial Mind and the Work of Negative. In: TALAMO, P. B.; BORGOGNO, F.; MERCIARI, S. A. (Ed.). *W. B. Bion: Between past and future*. London/New York: Karnac Books, 2000.

_____. Genèse et situation des états limites. In: ANDRÉ, J. (Org.). *Les états limites: Nouveu paradigma pour La psychanalyse?* Paris: Press Universitaires de France, 1999a.

_____. *The Work of Negative*. New York: Free Association books, 1999b.

_____. *Propédeutique: la métapsychologie revisitée*. Paris: Edition du Champ Vallon, 1995a.

_____. *La causalité psychique: entre la nature et la culture*. Paris: Editions Odile Jacob, 1995b.

_____. Para introduzir o negativo em psicanálise. *Revista Brasileira de Psicanálise*, v. 28, n. 1, p. 25-38, 1994.

_____. *Conferências Brasileiras de André Green: metapsicologia dos limites*. Rio de Janeiro: Imago, 1990.

_____. Narcisismo primário: estrutura ou estado. In: _____. *Narcisismo de vida, narcisismo de morte*. São Paulo: Escuta, 1988a. (Trabalho original publicado em 1966-1967.)

_____. O analista, a simbolização e a ausência no contexto analítico. In: _____. *Sobre a loucura pessoal*. Rio de Janeiro: Imago, 1988b. (Trabalho original publicado em 1975.)

_____. A mãe morta. In: _____. *Narcisismo de vida, narcisismo de morte*. São Paulo: Escuta, 1988c. (Trabalho original publicado em 1980.)

_____. Narcisismo: estrutura ou estado? In: _____. *Narcisismo de vida, narcisismo de morte*. São Paulo: Escuta, 1988d. (Trabalho original publicado em 1982.)

_____. Pulsão de morte, narcisismo negativo e função desobjetalizante. In: _____. (Org.). *A pulsão de morte*. São Paulo: Escuta, 1986.

GREENBERG, J.; MITCHELL, S. A. *Relações objetais na teoria psicanalítica*. Porto Alegre: Artes Médicas, 1994. (Trabalho original publicado em 1983.)

GURFINKEL, D. Relações de objeto. São Paulo: Blucher, 2017.

GUS, M. Acting, enactment e a realidade psíquica "em cena" no tratamento analítico das estruturas borderline. Revista Brasileira de Psicanálise, v. 41, n. 2, p. 45-53, 2007.

HANLY, C. O inconsciente e as relações de objeto. Revista de Psicanálise, v. X, n. 3, p. 419-436, 2003.

HAVENS, L. A Theoretical Basis for the Concepts of Self and Autentic Self. Journal of the American Psychoanalytic Association, v. 34, n. 2, p. 363-378, 1986.

HEGENBERG, M. Borderline. São Paulo: Casa do Psicólogo, 2000.

HEIMANN, P. Sobre a contratransferência. Boletim Científico SBPRJ., v. 1, n. 4, p. 104-9, 1987. (Trabalho original publicado em 1950.)

HUGHES, J. M. Reformulando o território psicanalítico. Rio de Janeiro: Revinter, 1989.

IVEY, G. Controvérsias a respeito de enactment: uma revisão crítica dos debates atuais. Livro Anual de Psicanálise, n. XXIV, p. 29-46, 2010.

JABUR, R. C. Enactment: rastreando acontecimentos na clínica. Alter – Jornal de Estudos Psicanalíticos, v. 22, n. 2, p. 243-254, 2003.

JACOBS, T. J. Reflexões sobre o papel da comunicação inconsciente e do enactment contratransferencial na situação analítica. In: ZASLAVSKY, J.; SANTOS, M. J. P. (Org.). Contratransferência: teoria e prática clínica. Porto Alegre: Artmed, 2006.

_____. On Contratransference Enactments. Journal Am. Psychoanal. Assn., v. 34, p. 289, 1986.

JACKSON, J. E. *De l'affect à la pensée: introduction à l'oeuvre d'André Green*. Paris: Mercure de France, 1991.

JARAST, G. Recuperación de traumas tempranos preverbales. *Revista de la Sociedad Colombiana de Psicoanalisis*, v. 35, n. 1, p. 11-21, 2010.

JUNQUEIRA, C. Enactment, rêverie e figurabilidade: articulações a partir de uma experiência clínica. *Revista Brasileira de Psicanálise*, v. 52, n. 1, p. 113-128, 2018.

_____. Enactment como via de construção da tópica. *Cadernos de Psicanálise (CPRJ)*, v. 38, n. 34, p. 11-24, 2016a.

_____. As transformações na tópica na clínica de pacientes-limite. In: FIGUEIREDO, L. C.; JUNQUEIRA, C. (Org.). Atendimento psicanalítico de pacientes-limite. São Paulo: Zagodoni, 2016b.

_____. Considerações sobre o enactment a partir de uma experiência clínica. *Revista Brasileira de Psicanálise da SPPA*, v. XXII, n. 2, p. 435-449, 2015.

JUNQUEIRA, C.; COELHO Jr., N. Freud e as neuroses atuais: as primeiras observações psicanalíticas dos quadros borderline? *Psicologia Clínica*, v. 18, n. 2, p. 25-35, 2006.

KERNBERG, O. Dissidence in Psychoanalysis: a Psychoanalytic Reflection. In: BERGMANN, M. (Org.) *Understanding dissidence and controversy in the history of psychoanalysis*. New York: Other Press, 2004.

_____. Psicoterapia focalizada en la transferencia: Psicodinámica de pacientes con organización de personalidad borderline. Una visión general. *Tropicos – Revista de Psicoanálisis*, v. XI, n. 1, p. 73-95, 2001.

_____. *Transtornos graves de personalidade: estratégias terapêuticas*. Porto Alegre: Artes Médicas, 1995.

_____. A teoria e o desafio de Fairbairn. In: KERNBERG, O. (Org.). *Mundo interior e realidade exterior*. Rio de Janeiro: Imago, 1989, p. 60-83.

_____. *Desordenes fronterizos y narcisismo patológico*. Buenos Aires: Paidós, 1985.

_____. Borderline personality organization. *Journal of American Psychoanalytic Association*, v. 15, n. 3, p. 641-685, 1967.

KLEIN, M. Nosso mundo adulto e suas raízes na infância. In: _____. *Inveja e gratidão e outros trabalhos*. Rio de Janeiro: Imago, 1959.

_____. Notas sobre alguns mecanismo esquizoides. In: _____. *Inveja e gratidão e outros trabalhos*. Rio de Janeiro: Imago, 1946.

LAPLANCHE, J. Três acepções da palavra "inconsciente" no quadro da Teoria da Sedução Generalizada. *Revista de Psicanálise (SPPA)*, v. 10, n. 3, p. 403-419, 2003.

LAPLANCHE, J.; PONTALIS, B. *Vocabulário de psicanalálise*. Rio de Janeiro: Imago, 1967.

LEITÃO, L. G. Ronald Fairbairn: um novo paradigma na teoria e na prática psicanalítica. *Revista Portuguesa de Psicanálise*, v. 27, n. 2, p. 63-81, 2007.

LINS, M. I. A. Terceira tópica? In: LINS, M. I. A.; LUZ, R. (Org.). *D. W. Winnicott: experiência clínica e experiência estética*. Rio de Janeiro: Revinter, 1998.

LITTLE, M. *Ansiedades psicóticas e prevenção: registro pessoal de uma análise com Winnicott*. Rio de Janeiro: Imago, 1992.

LOPARIC, Z. Um novo paradigma. *Viver Mente & Cérebro*, v. 5, p. 52-69, 2006.

KHAN, M. O conceito de trauma cumulativo. In: *Psicanálise: teoria, técnica e casos clínicos*. Rio de Janeiro: Francisco Alves, 1963/1977.

MAYER, H. A técnica ante os desafios clínicos da atualidade. In: CARDOSO, M. R. (Org.). *Limites*. São Paulo: Escuta, 2004.

_____. Passagem ao ato, clínica psicanalítica e contemporaneidade. In: Cardoso M. R. (Org.). *Adolescência: reflexões psicanalíticas*. Rio de Janeiro: Nau Editora, 2001.

MEISSNER, W. W. Can Psychoanalysis Find its Self? *Journal of American Psychoanalytic Association*, v. 34, p. 379-400, 1986.

MILLER, J.-A. *Os casos raros, inclassificáveis da clínica psicanalítica: a conversação de Arcachon*. São Paulo: Biblioteca Freudiana Brasileira, 1998.

MINERBO, M. *Transferência e contratransferência*. São Paulo: Casa do Psicólogo, 2012.

MITCHELL, S. A. The Origin and Nature of Object in the Theories of Klein and Fairbairn. In: GROTSTSEIN, J. S.; RINSLEY, D. (Ed.). *Fairbairn and the Origins of Object*, New York: Guilford Press, 1994.

MITCHELL, S. A.; BLACK, M. J. *Freud and Beyond: a History of Modern Psychoanalytic Thought*. New York: Basic Books, 1995.

MODELL, A. As raízes da criatividade e o uso do objeto. In: GIOVACCHINI, P. L. (Org.). *Táticas e técnicas Psicanalíticas*. Porto Alegre: Artes Médicas, 1990.

_____. Introdução: a psicanálise e a teoria das relações objetais. In: _____. *Amor objetal e realidade: uma introdução à teo-*

ria psicanalítica das relações amorosas. Rio de Janeiro: Imago, 1973.

OGDEN, T. Os sujeitos da psicanálise. São Paulo: Casa do Psicólogo, 1996.

_____. Projective identification and psychotherapeutic technique. London: Karnac, 1992. (Trabalho original publicado em 1982.)

PAINCEIRA PLOT, A. J. Las pulsiones en la obra de Winnicott. In: _____. Clínica Psicoanalítica a partir de la obra de Winnicott. Buenos Aires: Lúmen, 1997.

RACKER, H. Os significados e usos da contratransferência. In: _____. Estudos sobre técnica psicanalítica. Porto Alegre: Artes Médicas: 1982. (Trabalho original publicado em 1959.)

REED, G. S.; BAUDRY, F. D. Conflict, Structure and Absence: André Green on Borderline an Narcissistic Pathology. *Psychoanalytic Quarterly*, v. LXXIV, p. 121-155, 2005.

REID, W. Winnicott: les pulsions de destruction ou le goût des passerelles. *Revue Française de Psychanalyse*, v. 66, n. 4, p. 1157-1166, 2002.

ROCHA, Z. Os destinos da angústia na psicanálise freudiana. São Paulo: Escuta, 2000.

ROUSSILLON, R. Les question du dispositif clinique. [S.d.] Disponível em: https://reneroussillon.com/cadre-dispositif/les--questions-du-dispositif-clinique/. Acesso em: 31 jan. 2017.

_____. A desconstrução do narcisismo primário. *Livro Anual de Psicanálise*, v. XXVI, p. 159-172, 2012a.

_____. As condições da exploração psicanalítica das problemáticas narcísico-identitárias. *ALTER – Revista de Estudos Psicanalíticos*, v. 30, n. 1, p. 7-32, 2012b.

_____. Complexité et paradoxes du transfert dans la pratique clinique. In: _____. *Manuel de pratique clinique*. Paris: Elsevier Masson, 2012c.

_____. Configuración de los estados limites. *Revista de Psicoanálisis*, v. LXV, n. 1, p. 17-27, 2008.

_____. A função limite da psique e a representância. *Revista Brasileira de Psicanálise da SPPA*, v. 14, n. 2, p. 257-273, 2007.

_____. Agonia e desespero na transferência paradoxal. *Revista Brasileira de Psicanálise da SPPA*, v. 11, n. 1, p. 13-33, 2004.

_____. Le transfert sur le cadre. In: _____. *Logiques et archéologuiques du cadre psychanalytique*. Paris: PUF, 1995.

SAFRA, G. Prefácio. In: M. Hegenberg. *Borderline*. Casa do Psicólogo: São Paulo, 2000.

SCARFONE, D. From Traces to Signs: Presenting and Representing. In: LEVINE, H.; REED, G.; SCARFONE, D. (Ed.). *Unrepresented States and the Construction of Meaning: Clinical and Theoretical Contributions*. London: Karnac, 2013.

SCHARFF, J. S. The British Object Relations Theorists. In: BERGMANN, M. (Org.). *Understanding Dissidence and Controversy in the History of Psychoanalysis*. New York: Other Press, 2004.

SEARLES, H. *My Work with Borderline Patients*. New York: Rowman & Littlefield, 2004. (Trabalho original publicado em 1986.)

SLOCHOWER, J. Variations in the Analytic Holding Environment. *International Journal of Psycho-Analysis*, v. 72, n. 4, pp. 709-718, 1991.

TAMBURRINO, G. *Enactments e transformações do campo analisante*. São Paulo: Escuta, 2016.

TARELHO, L. C. A tópica da clivagem e o supereu. *Percurso*, v. XXIX, n. 56/57, 2016.

TICHO, E. A. The Alternate Schools and the Self. *Journal of the American Psychoanalytic Association*, v. 30, n. 4, p. 849-862, 1982.

TYSON, P.; TYSON, R. Uma revisão das teorias das relações de objeto. In: _____. *Teorias psicanalíticas do desenvolvimento: uma integração*. Porto Alegre: Artes Médicas, 1993.

UCHITEL, M. *Além dos limites da interpretação*. São Paulo: Casa do Psicólogo, 2002a.

_____. Novos tempos, novos sintomas: um lugar para a transferência. *Percurso*, v. 29, n. 2, p. 21-26, 2002b.

URRIBARRI, F. Como ser um analista contemporâneo? Da extensão do campo clínico à interiorização do enquadre. *Revista Brasileira de Psicanálise*, v. 49, n. 1, p. 229-245, 2015.

_____. André Green: a clínica contemporânea e o enquadre interno do analista (entrevista). *Revista Brasileira de Psicanálise*, v. 46, n. 3, p. 215-25, 2012a.

_____. O pensamento clínico contemporâneo: uma visão histórica das mudanças no trabalho do analista. *Revista Brasileira de Psicanálise*, v. 46, n. 3, p. 47-64, 2012b.

_____. André Green: la representation y lo irrepresentable en la pratica contemporanea. *Revista Uruguaya de Psicoanalisis*, v. 106, p. 100-109, 2008.

_____. Le cadre de la représentation dans la psychanalyse contemporaine. In: RICHARD, F.; URRIBARRI, F. (Ed.). *Enjeux pour une psychanalyse contemporaine*. Paris: PUF, 2005.

_____. Pour introduire la pensée tertiaire. In: BOTELLA, C. (Dir.). *Penser les limites: écrits en l'honneur d'André Green*. Paris: Delachaux & Niestlé, 2002.

VIDERMANN, S. *A construção do espaço analítico*. Rio de Janeiro: Imago, 1990.

VILLA, F. C.; CARDOSO, M. R. A questão das fronteiras nos estados limites. In: CARDOSO, M. R. (Org.). *Limites*. São Paulo: Escuta, 2004.

VILUTTIS, I. M. A construção do dispositivo analítico. *Percurso*, v. 29, n. 2, pp. 27-32, 2002.

WALLERSTEIN, R. Will Psychoanalytic Pluralism be an Enduring State of Our Discipline? *International Journal of Psychoanalysis*, v. 86, p. 623-626, 2005a.

_____. Dialogue or Illusion? How do We Go from Here? Response to André Green. *International Journal of Psychoanalysis*, v. 86, p. 633-638, 2005b.

_____. From Dissidence to Pluralism in Psychoanalysis – and Onto What? In: BERGMANN, M. (Org.). *Understanding dissidence and controversy in the history of psychoanalysis*. New York: Other Press, 2004.

_____. One Psychoanalysis or Many? *Psychoanalysis: Clinical and Theoretical*. New York: International Universities Press, 1999a. (Trabalho original publicado em 1988.)

_____. Psychoanalysis: the Common Ground. *Psychoanalysis: Clinical and Theoretical*. New York: International Universities Press, 1999b. (Trabalho original publicado em 1990.)

WEICH, M. J. O analista suficientemente bom. In: GIOVACCHINI, P. L. (Org.). *Táticas e técnicas psicanalíticas*. Porto Alegre: Artes Médicas, 1990.

WINNICOTT, C. D. W. W.: uma reflexão. In: GIOVACCHINI, P. L. (Org.). *Táticas e técnicas psicanalíticas*. Porto Alegre: Artes Médicas, 1990.

WINNICOTT, D. W. Retraimento e regressão: apêndice. In: _____. *Holding e interpretação*. São Paulo: Martins Fontes, 2001. (Trabalho original publicado em 1954.)

_____. Desenvolvimento emocional primitivo. In: _____. *Da Pediatria à psicanálise: obras escolhidas*. Rio de Janeiro: Imago, 2000a. (Trabalho original publicado em 1945.)

_____. O ódio na contratransferência. In: _____. *Da Pediatria à psicanálise: obras escolhidas*. Rio de Janeiro: Imago, 2000b. (Trabalho original publicado em 1947.)

_____. A mente e sua relação com o psicossoma. In: _____. *Da Pediatria à psicanálise: obras escolhidas*. Rio de Janeiro: Imago, 2000c. (Trabalho original publicado em 1949.)

_____. A agressividade em relação ao desenvolvimento emocional. In: _____. *Da Pediatria à psicanálise: obras escolhidas*. Rio de Janeiro: Imago, 2000d. (Trabalho original publicado em 1950-1955.)

_____. Aspectos clínicos e metapsicológicos da regressão no contexto analítico. In: _____. *Da Pediatria à psicanálise: obras escolhidas*. Rio de Janeiro: Imago, 2000e. (Trabalho original publicado em 1954.)

_____. Formas clínicas da transferência. In: _____. *Da pediatria à psicanálise: obras escolhidas*. Rio de Janeiro: Imago, 2000f. (Trabalho original publicado em 1955-1956.)

_____. Classificação: existe uma contribuição psicanalítica à classificação psiquiátrica? In: _____. *O ambiente e os processos de maturação: estudos sobre a teoria do desenvolvimento emocional. Porto Alegre: ArtMed Editora, 1983a. (Trabalho original publicado em 1959-1964.)

_____. A teoria do relacionamento paterno-infantil. In: _____. *O ambiente e os processos de maturação: estudos sobre a teoria do desenvolvimento emocional*. Porto Alegre: ArtMed Editora, 1983b. (Trabalho original publicado em 1960.)

_____. Distorção do Ego em termos de falso e verdadeiro self. In: _____. *O ambiente e os processos de maturação: estudos sobre a teoria do desenvolvimento emocional*. Porto Alegre: ArtMed Editora, 1983c. (Trabalho original publicado em 1960.)

_____. Contratransferência. In: _____. *O ambiente e os processos de maturação: estudos sobre a teoria do desenvolvimento emocional*. Porto Alegre: ArtMed Editora, 1983c. (Trabalho original publicado em 1960.)

_____. A integração do Ego no desenvolvimento da criança. In: _____. *O ambiente e os processos de maturação: estudos sobre a teoria do desenvolvimento emocional*. Porto Alegre: ArtMed Editora, 1983d. (Trabalho original publicado em 1962.)

_____. Provisão para a criança na saúde e na crise. In: _____. *O ambiente e os processos de maturação: estudos sobre a teoria do desenvolvimento emocional*. Porto Alegre: ArtMed Editora, 1983e. (Trabalho original publicado em 1962.)

_____. Os objetivos no tratamento psicanalítico. In: _____. *O ambiente e os processos de maturação: estudos sobre a teoria do desenvolvimento emocional*. Porto Alegre: ArtMed Editora, 1983f. (Trabalho original publicado em 1962.)

_____. O desenvolvimento da capacidade de se preocupar. In: _____. *O ambiente e os processos de maturação: estudos sobre a teoria do desenvolvimento emocional*. Porto Alegre: ArtMed Editora, 1983g. (Trabalho original publicado em 1963.)

_____. Da dependência à independência no desenvolvimento do indivíduo. In: _____. *O ambiente e os processos de maturação: estudos sobre a teoria do desenvolvimento emocional*. Porto Alegre: ArtMed Editora, 1983h. (Trabalho original publicado em 1963.)

_____. Distúrbios psiquiátricos e processos de maturação infantil. In: _____. *O ambiente e os processos de maturação: estudos sobre a teoria do desenvolvimento emocional*. Porto Alegre: ArtMed Editora, 1983i. (Trabalho original publicado em 1963.)

_____. Os doentes mentais na prática clínica. In: _____. *O ambiente e os processos de maturação: estudos sobre a teoria do desenvolvimento emocional*. Porto Alegre: ArtMed Editora, 1983j. (Trabalho original publicado em 1963.)

_____. A interpretação na psicanálise. In: GIOVACCHINI, P. L. (Org.). *Táticas e técnicas psicanalíticas – D. W. Winnicott*. Porto Alegre: Artes Médicas, 1990. (Trabalho original publicado em 1968.)

_____. O uso de um objeto no contexto de Moisés e o Monoteísmo. In: _____ (Org.). *Explorações psicanalíticas: D. W. Winnicott*. Porto Alegre: Artes Médicas, 1989. (Trabalho original publicado em 1969.)

_____. *O brincar e a realidade*. Rio de Janeiro: Imago, 1975. (Trabalho original publicado em 1971.)

_____. *Natureza humana*. Rio de Janeiro: Imago, 1990. (Trabalho original publicado em 1971.)

_____. *The Piggle: relato de tratamento psicanalítico de uma menina*. Rio de Janeiro: Imago, 1987. (Trabalho original publicado em 1977.)

_____. Introdução. In: _____. *O ambiente e os processos de maturação: estudos sobre a teoria do desenvolvimento emocional*. Porto Alegre: ArtMed Editora, 1983. (Trabalho original publicado em 1979.)

WINNICOTT, D. W.; KHAN, M. Resenha de Psychoanalytic Studies of the Personality. In: WINNICOTT, C. (Org.). *Explorações psicanalíticas*. Porto Alegre: Artes Médicas, 1953.

ZAIDAN, E. Revisitando a contratransferência em Freud para compreender a psicanálise contemporânea. In: CINTRA, E. M. U.; TAMBURRINO, G.; RIBEIRO, M. F. R. (Org.). *Para além da contratransferência: o analista implicado*. São Paulo: Zagodoni, 2017.

Série Psicanálise Contemporânea

Adoecimentos psíquicos e estratégias de cura: matrizes e modelos em psicanálise, de Luís Claudio Figueiredo e Nelson Ernesto Coelho Junior

O brincar na clínica psicanalítica de crianças com autismo, de Talita Arruda Tavares

Budapeste, Viena e Wiesbaden: o percurso do pensamento clínico--teórico, de Sándor Ferenczi, de Gustavo Dean-Gomes

Do pensamento clínico ao paradigma contemporâneo: diálogos, de André Green e Fernando Urribarri

Do povo do nevoeiro: psicanálise dos casos difíceis, de Fátima Flórido

Fernando Pessoa e Freud: diálogos inquietantes, de Nelson da Silva Junior

Heranças invisíveis do abandono afetivo: um estudo psicanalítico sobre as dimensões da experiência traumática, de Daniel Schor

A indisponibilidade sexual da mulher como queixa conjugal: a psicanálise de casal, o sexual e o intersubjetivo, de Sonia Thorstensen

Interculturalidade e vínculos familiares, de Lisette Weissmann

Janelas da psicanálise, de Fernando Rocha

Metapsicologia dos limites, de Camila Junqueira

Nem sapo, nem princesa: terror e fascínio pelo feminino, de Cassandra Pereira França

Neurose e não neurose, de Marion Minerbo

Psicanálise e ciência: um debate necessário, de Paulo Beer

Psicossomática e teoria do corpo, de Christophe Dejours

Relações de objeto, de Decio Gurfinkel

O tempo e os medos: a parábola das estátuas pensantes, de Maria Silvia de Mesquita Bolguese